Student Activities Manual
for

Français-Monde

Connectez-vous à la francophonie

Robert Ariew   Béatrice Dupuy

Prentice Hall

Boston   Columbus   Indianapolis   New York   San Francisco   Upper Saddle River   Amsterdam
Cape Town   Dubai   London   Madrid   Milan   Munich   Paris   Montréal   Toronto   Delhi
Mexico City   São Paulo   Sydney   Hong Kong   Seoul   Singapore   Taipei   Tokyo

Executive Acquisitions Editor: Rachel McCoy
Editorial Assistant: Noha Amer Mahmoud
Executive Marketing Manager: Kris Ellis-Levy
Marketing Coordinator: Bill Bliss
Development Editor: Lynne Lipkind
Development Editor for Assessment: Melissa Marolla Brown
Senior Managing Editor for Product Development: Mary Rottino
Associate Managing Editor (Production): Janice Stangel
Executive Editor for MyLanguageLabs: Bob Hemmer
Media/Supplements Editor: Meriel Martínez
Senior Media Editor: Samantha Alducin
Senior Art Director: Pat Smythe
Art Director: Miguel Ortiz
Senior Manufacturing & Operations Manager, Arts & Sciences: Nick Sklitsis
Operations Specialist: Cathleen Petersen
Full-Service Project Management: PreMediaGlobal
Composition: PreMediaGlobal
Printer/Binder: Bind-Rite Graphics
Cover Printer: Demand Production Center
Publisher: Phil Miller

This book was set in 10/12 Palatino.

10 9 8 7 6 5 4 3 2 1

Prentice Hall
is an imprint of

www.pearsonhighered.com

ISBN-10: 0135032644
ISBN-13: 9780135032640

Contents

1 Rencontres francophones

Pour commencer

Vidéo: J'attends des amis au café

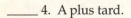 **01-01** **Au café.** Alexis, Emilie, Sélim, and Clémence are leaving the café. Watch the video segment and select all the expressions you hear.

_____ 1. Salut, Clémence.

_____ 2. Oui à bientôt. Salut.

_____ 3. Au revoir, Clémence.

_____ 4. A plus tard.

_____ 5. Ciao, salut.

_____ 6. A tout à l'heure.

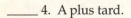 **01-02** **Ecrivez les mots.** What exactly are the characters in the video saying? Watch the video clip and write the missing words.

1. Alexis: _____, Clémence.

   Emilie: Bon à bientôt.

2. Sélim: Oui _____. Salut.

   Alexis: Sélim, à la prochaine.

3. Clémence: _____, on s'appelle pour voir si on peut prendre un café à un autre moment?

   Emilie: Ça marche.

4. Emilie: _____.

   Clémence: Ciao, salut.

   Sélim: Salut!

Pour bien communiquer: Dire bonjour et au revoir

01-03 **Salutations.** You often meet friends and acquaintances at the university, and you have to choose between formal and informal responses. Select the most appropriate response to each expression of greeting or farewell.

1. Salut!
   a. Pas mal;   b. Salut!   c. Je vais mal.

2. Bonjour, Monsieur.
   a. Bonjour, Madame;   b. Tu vas bien?   c. Ciao.

3. Ça va bien, et toi?
   a. Au revoir;   b. Ça va;   c. A bientôt.

4. Comment allez-vous?
   a. Bien, merci, et vous?   b. Au revoir!   c. Bonne journée.

5. A bientôt, Marc.
   a. A bientôt!   b. Au revoir, Madame;   c. Ça va, et toi?

6. A tout à l'heure.
   a. A plus tard;   b. Bien, merci;   c. Comment allez-vous?

01-04 **Ecoutez et écrivez.** Listen as each of these people says hello, then fill in the blanks with the missing words.

1. Bonjour, _____ Emilie?

2. Bonjour, _____.

3. _____, Sélim.

4. _____, Monsieur.

5. _____, Clémence.

6. _____, au revoir.

01-05 **Bonjour et au revoir.** Write a short dialogue of 4–5 sentences about two people meeting on the street, exchanging greetings and then saying good-bye.

_____

_____

_____

_____

_____

Voix francophones au présent: Premières rencontres

🔊 **01-06** **Pour la première fois.** Listen once more to the radio broadcast **Voix francophones au présent: Premières rencontres,** where people meet for the first time. Fill in the missing words in each brief dialogue.

Didier Neyraud et Tinh Nguyen

1. —Bonjour. Didier Neyraud.

   —Bonjour, Tinh Nguyen. _____ M. Neyraud?

2. —_____, et vous?

   —Bien, un peu nerveux.

   —Oh, ne vous inquiétez pas, ça va bien se passer.

3. —Excusez-moi, c'est ma femme. _____ et à tout à l'heure.

   —Au revoir.

Chloë Bartolli et Noah Zébina

4. —Salut.

   —_____, ça va?

5. —_____, et toi?

🔊 **01-07** **Résumé de l'émission.** Listen again to the two dialogues, and select all the statements that best describe them.

_____ 1. Didier and Tinh are using more formal language because they don't know each other.

_____ 2. Didier and Tinh are using more formal language because they are older individuals and it is typical for people of that generation to be more formal.

_____ 3. Noah and Chloë are using more formal language because they don't know each other.

_____ 4. Since Noah and Chloë are younger, they normally use informal language between them.

01-08 **Ce qu'on dit.** How would you respond if someone said the following? Choose the most appropriate answer.

1. —Allez au revoir et à tout à l'heure.   Réponse: a. Au revoir.   b. Bonjour.

2. —Salut, ça va? —Pas mal et toi?   Réponse: a. Bien, merci.   b. Oui, c'est ça.

3. —Alors au revoir et à plus tard.   Réponse: a. A plus tard.   b. Pas mal, et toi?

4. —Salut, Sébastien.   Réponse: a. Ciao!   b. Salut, Aminata.

5. —Allez bye ma belle.   Réponse: a. Ciao Seb.   b. Salut, Aminata!

01-09 **Dialogues.** Imagine you are meeting a friend at a café. Write a short dialogue to greet the friend, ask how he or she is doing, and finally say good-bye.

_____

_____

_____

_____

_____

Pour bien prononcer: The French alphabet

01-10 **Epeler le mot.** Spell the following phrases out loud. Be sure to indicate the accents and the cedilla.

1. Ça va et toi?

2. A bientôt Thérèse.

3. Salut Jérôme.

4. Bonjour Sélim.

5. Je suis Didier Neyraud.

01-11 **La dictée.** Listen to the spelling of the following names and write them down as you hear them.

1. _____

2. _____

3. _____

4. _____

5. _____

La politesse dans le monde francophone

01-12 **Poli ou non?** Read the following exchanges and decide if they are **poli** (P) or **pas poli** (PP).

_____ 1. [at the café] Un café pour moi!

_____ 2. [at the café] Merci, Madame.

_____ 3. [on the street] Bonjour, Monsieur!

_____ 4. [at the bakery] Un croissant.

Expressions utiles en salle de classe

01-13 **Qu'est-ce qu'on fait?** Listen to what the teacher says and decide if the actions described below are appropriate **(oui)** or not **(non).**

1. Student repeats the word.	oui	non
2. Student opens the book.	oui	non
3. Student takes out a sheet of paper.	oui	non
4. Student writes his or her name.	oui	non
5. Student goes to the board.	oui	non
6. Student turns on the computer.	oui	non

Comment dire?

The imperative

01-14 **D'une forme à l'autre.** Restate what the teacher said to help your classmate, changing the information from the formal to the informal form.

Modèle: Ouvrez le livre!
Ouvre le livre!

1. Ecrivez le mot!   _____ le mot!

2. Allez au tableau.   _____ au tableau.

3. Discutez avec un partenaire.   _____ avec un partenaire.

4. Travaillez en groupe.   _____ en groupe.

5. Répétez le mot!   _____ le mot!

6. Prenez le stylo.   _____ le stylo.

Voilà / Il y a

01-15 **Choix de deux.** Complete the following sentences by choosing either **voilà** or **il y a**.

1. Ah! _____ Chloë et Noah!

2. _____. C'est fini.

3. _____ trois étudiants dans mon groupe.

4. _____ un x dans le nom Proulx?

5. _____ mon ami Jean.

6. _____ un étudiant français ici (*here*).

The verb *être*

01-16 **Origines.** Give some information about the following people by completing the sentences with the appropriate form of **être**.

1. Amy _____ de Lafayette.

2. Moi, je _____ propriétaire d'un super marché.

3. Nous _____ français.

4. Toi, Annick, tu _____ professeur?

5. Aminata et Dahlila _____ originaires d'Afrique.

6. Vous _____ canadien?

01-17 **Occupation et nationalité.** What do you know about the people of **Voix francophones au présent?** Can you provide their occupation and nationality or country of origin?

Modèle: Noah
Noah est de Martinique. Il est étudiant.

1. Sébastien Proulx

_____

2. Amy Guidry

_____

3. Aminata Dembelé

_____

4. Chloë Bartolli

_____

Travail d'ensemble

01-18 **Bonjour et au revoir.** Give a short greeting orally, saying hello to someone informally and then quickly saying good-bye. Then, repeat the same lines of dialogue for a formal setting.

Pour aller plus loin

C'est moi!

01-19 **Qui est-ce?** From the clues provided, identify the person to whom each statement applies. Is it Chloë, Dahlila, Aminata, Sébastien, or Tinh? Write the correct names.

1. _____ Je suis originaire du Maroc.

2. _____ J'habite dans un appartement avec une amie.

3. _____ Je suis styliste.

4. _____ J'habite à Montréal.

5. _____ J'ai 19 ans.

6. _____ Je suis propriétaire d'un supermarché.

01-20 **La bonne réponse.** Listen to the audio recordings, which provide short biographical sketches. Then complete the sentences by selecting the correct information.

1. Sébastien: Dans notre famille, il y a beaucoup [a. d'enfants   b. d'animaux].

2. Chloë: J'ai [a. deux frères   b. beaucoup d'animaux].

3. Aminata: Mon amie s'appelle [a. Renée   b. Hanoi].

4. Tinh: Je suis [a. vietnamien   b. célibataire].

5. Dahlila: Je viens [a. du Viêt-Nam   b. du Maroc].

6. Tinh: J'habite à [a. Paris   b. Hanoi].

Dire son nom et d'où on vient

01-21 **Renseignements.** Answer each question as if you were the individual. Be sure to answer in complete sentences, as in the model.

Modèle:

Comment t'appelles-tu? *Je m'appelle Chloë.*

1.

Où habites-tu? _____

2.

Comment vous appelez-vous? _____

3.

D'où venez-vous? _____

4.

D'où viens-tu? _____

5.

Quel âge as-tu? _____

6.

Où habitez-vous? _____

01-22 **Réponses.** Select the question that would be asked in order to elicit the following answers from each person.

1. Sébastien: Je viens de Montréal.
   a. D'où viens-tu?   b. Comment tu t'appelles?   c. Quel âge as-tu?

2. Chloë: J'ai 19 ans.
   a. D'où êtes-vous?   b. Quel âge avez-vous?   c. Comment allez-vous?

3. Aminata: Je m'appelle Aminata.
   a. Où habitez-vous?   b. Comment vous appelez-vous?   c. D'où venez-vous?

4. Tinh: Je suis du Viêt-Nam.
   a. Comment vous appelez-vous?   b. D'où venez-vous?   c. Où habitez-vous?

5. Dahlila: Je suis originaire du Maroc.
   a. Quel âge as-tu?   b. Comment tu t'appelles?   c. D'où viens-tu?

6. Tinh: J'habite à Paris.
   a. Où est-ce que vous habitez?   b. Comment vous appelez-vous?   c. Quel âge avez-vous?

La formalité et la langue

01-23 **Soigné ou familier?** Tell whether the following greetings and farewells are **soigné** (S) or **informel** (I).

1. Au revoir, Madame.   S   I

2. Allez, bye!   S   I

3. Salut, Paul.   S   I

4. Bonjour, Martine, ça va bien?   S   I

5. Bonjour, comment allez-vous?   S   I

6. Bien, et vous?   S   I

Compter de 0 à 69

01-24 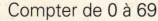 **Quel âge a-t-il/elle?** Listen to each sentence and write down the ages for the following individuals using numbers.

1. Tiana a _____ ans.

2. Sébastien a _____ ans.

3. Tinh a _____ ans.

4. Dahlila a _____ ans.

5. Annick a _____ ans.

6. Chloë a _____ ans.

Les jours de la semaine, les mois de l'année

01-25 **Le mois et la saison.** Tell the month and the season from the clues given.

1. C'est le mois après janvier.
   Nous sommes en (a. juin   b. juillet   c. février) et c'est (a. l'automne   b. l'hiver   c. l'été).

2. C'est le mois après avril.
   Nous sommes en (a. mai   b. mars   c. août) et c'est (a. l'hiver   b. le printemps   c. l'été).

3. C'est le mois après octobre.
   Nous sommes en (a. novembre   b. septembre   c. mars) et c'est (a. l'automne   b. le printemps   c. l'hiver).

4. C'est le mois après juillet.
   Nous sommes en (a. juin   b. mai   c. août) et c'est (a. l'hiver   b. le printemps   c. l'été).

Comment dire?

Questions

01-26 **Vérifications.** Verify the information below by asking a question using the information provided. The questions may be asked either formally or informally, using any of the three ways to ask a question.

Modèle: nom: Hélène   *Tu t'appelles Hélène?*

1. domicile: Paris   _____

2. âge: 19 ans   _____

3. ville natale: New York   _____

4. nationalité: français   _____

5. nationalité: canadien   _____

6. nom: Robert   _____

01-27 **Des erreurs.** Listen to the recorded statements that provide wrong information. Write questions to clarify the information, as in the model.

Modèle: Tinh est styliste.
       Est-ce que Tinh est styliste?

1. _____

2. _____

3. _____

4. _____

C'est / Il (Elle) est

01-28 **Qui est-ce?** Use the chart to give information orally about each person.

Modèle:

| Tinh Nguyen | 47 | marié | Hanoi | propriétaire de super marché |

C'est Tinh Nguyen. Il a 47 ans. Il est marié. Il est de Hanoi. Il est propriétaire de supermarché.

Nom	Age	Etat civil	Origine	Occupation
1. Chloë Bartolli	19	célibataire	Paris	étudiante
2. Dahlila Taieb	35	mariée	Fès	journaliste
3. Aminata Dembelé	25	célibataire	Dakar	styliste
4. Sébastien Proulx	24	célibataire	Montréal	graphiste

Negation with *ne... pas*

`01-29` **C'est faux.** The information reported in the following chart is all wrong. Challenge the information by stating that it is not true.

Modèle:

Tinh Nguyen	35	célibataire	Montréal	prof de français

Tinh Nguyen n'a pas 35 ans. Il n'est pas célibataire. Il n'est pas de Montréal. Il n'est pas prof de français.

Nom	Age	Etat civil	Origine	Occupation
1. Chloë Bartolli	25	mariée	Fès	journaliste
2. Dahlila Taieb	24	célibataire	Paris	étudiante
3. Aminata Dembelé	35	mariée	Montréal	graphiste
4. Sébastien Proulx	19	marié	Dakar	styliste

1. _____

2. _____

3. _____

4. _____

Travail d'ensemble

`01-30` **La formule.** You are filling out a questionnaire with personal information. Write down your answers to the following: **nom, âge, nationalité, domicile, ville natale, nombre d'enfants dans la famille.**

_____

_____

_____

_____

A la découverte

Petit tour d'horizon

01-31 **La Francophonie.** French is spoken in several geographical areas of the world. Select the correct geographical area for each country listed. For help, consult the map in your textbook.

1. La Suisse est _____
   a. en Amérique
   b. en Europe
   c. en Asie
   d. au Moyen Orient
   e. en Océanie
   f. en Afrique

2. Le Sénégal est _____
   a. en Amérique
   b. en Europe
   c. en Asie
   d. au Moyen Orient
   e. en Océanie
   f. en Afrique

3. La Louisiane est _____
   a. en Amérique
   b. en Europe
   c. en Asie
   d. au Moyen Orient
   e. en Océanie
   f. en Afrique

4. Tahiti est _____
   a. en Amérique
   b. en Europe
   c. en Asie
   d. au Moyen Orient
   e. en Océanie
   f. en Afrique

5. Le Québec est _____
   a. en Amérique
   b. en Europe
   c. en Asie
   d. au Moyen Orient
   e. en Océanie
   f. en Afrique

6. La Martinique est _____
   a. en Amérique
   b. en Europe
   c. en Asie
   d. au Moyen Orient
   e. en Océanie
   f. en Afrique

7. Le Viêt-Nam est _____
   a. en Amérique
   b. en Europe
   c. en Asie
   d. au Moyen Orient
   e. en Océanie
   f. en Afrique

8. Le Liban est _____
   a. en Amérique
   b. en Europe
   c. en Asie
   d. au Moyen Orient
   e. en Océanie
   f. en Afrique

9. Le Maroc est _____
   a. en Amérique
   b. en Europe
   c. en Asie
   d. au Moyen Orient
   e. en Océanie
   f. en Afrique

10. La Belgique est _____
    a. en Amérique
    b. en Europe
    c. en Asie
    d. au Moyen Orient
    e. en Océanie
    f. en Afrique

Nom: _____   Date: _____

01-32 **Les grands noms de la Francophonie.** Complete the descriptions of the 'fathers' of **la Francophonie** by selecting the continents where they are from. For help, consult the map (p. 21) in your textbook.

1. Habib Bourguiba vient de Tunisie, c'est en...
   a. Europe   b. Afrique   c. Asie   d. Amérique   e. Océanie

2. Onésime Reclus vient de France, c'est en...
   a. Europe   b. Afrique   c. Asie   d. Amérique   e. Océanie

3. Léopold Sédar Senghor vient du Sénégal, c'est en...
   a. Europe   b. Afrique   c. Asie   d. Amérique   e. Océanie

4. Norodom Sihanouk vient du Cambodge, c'est en...
   a. Europe   b. Afrique   c. Asie   d. Amérique   e. Océanie

5. Hamani Diori vient du Niger, c'est en...
   a. Europe   b. Afrique   c. Asie   d. Amérique   e. Océanie

01-33 **Qui est quoi?** For each of the 'fathers' of **la Francophonie**, select the official function or title. For help, consult your textbook.

1. Habib Bourguiba
   a. Président   b. Monarque   c. Géographe

2. Onésime Reclus
   a. Président   b. Monarque   c. Géographe

3. Léopold Sédar Senghor
   a. Président   b. Monarque   c. Géographe

4. Norodom Sihanouk
   a. Président   b. Monarque   c. Géographe

5. Hamani Diori
   a. Président   b. Monarque   c. Géographe

01-34 **Ils viennent d'où?** From which country or region do the hosts and guests of **Voix francophones au présent** come? Complete each sentence with the correct country. For help, consult the map (p. 23) in your textbook.

1. Tiana est originaire de _____.

2. Chloë, Françoise et Pierre sont originaires de _____.

3. Sébastien est originaire du _____.

4. Aminata est originaire du _____.

5. Amy est originaire de _____.

6. Noah est originaire de _____.

7. Tinh est originaire du _____.

8. Dahlila est originaire du _____.

9. Didier est originaire de _____.

10. Miwana est originaire de _____.

11. Annick est originaire de _____.

Point d'intérêt

01-35 **Premier survol: Salutations appropriées.** When the people of **Radio Bleu** greet each other in the morning or say good-bye in the afternoon when the show is over, which greeting and gesture, kiss, or handshake, are they most likely to use? Select the correct answers.

In the morning before the show

Miwana à Tiana:

1. Bonjour   Salut

2. Bise   Poignée de main

Sébastien à Aminata:

3. Bonjour   Salut

4. Bise   Poignée de main

Chloë à Françoise:

5. Bonjour   Salut

6. Bise   Poignée de main

In the afternoon, after the show

Tinh à Didier:

7. Ciao   Au revoir

8. Bise   Poignée de main

Noah à Annick:

9. Ciao   Au revoir

10. Bise   Poignée de main

Amy à Chloë:

11. Ciao   Au revoir

12. Bise   Poignée de main

01-36 **Essentiel à saisir: Qui est-ce?** Listen to the guests of **Voix francophones au présent** as they greet you and introduce themselves. Write down the name of the person who is speaking. For help, consult the map (p. 23) in your textbook.

1. Il s'appelle _____.

2. Elle s'appelle _____.

3. Il s'appelle _____.

4. Elle s'appelle _____.

5. Elle s'appelle _____.

01-37 **Premier survol: Le français, c'est quoi pour vous?** Read what the guests of **Voix francophones au présent** say that French represents in their lives. Identify and list all of the cognates you find.

TIANA: « J' parle malgache avec ma famille et mes amis, j' parle français à l'école. Le français ouvre des portes, avec le français, c'est plus facile de trouver du travail à Madagascar et dans d'autres pays. »

SÉBASTIEN: « J' parle français parce que j' suis Québécois. C'est une partie de mon identité. »

AMY: « Je suis cajun, le français c'est une partie de moi et je veux partager (*share*) ma langue et ma culture avec la future génération louisiannaise. »

ANNICK: « Je suis flamande (*flemish*), je parle le flamand et le français aussi. Le flamand et le français font partie de mon identité. J'aime voyager et le français facilite la rencontre avec des gens en Europe et dans le monde (*world*). »

_____

_____

_____

_____

01-38 **Qu'est-ce qu'ils disent?** Read the following quotes, then indicate which guests make each statement.

TIANA: « J' parle malgache avec ma famille et mes amis, j' parle français à l'école. Le français ouvre des portes, avec le français, c'est plus facile de trouver du travail à Madagascar et dans d'autres pays. »

SÉBASTIEN: « J' parle français parce que j' suis Québécois. C'est une partie de mon identité. »

AMY: « Je suis cajun, le français c'est une partie de moi et je veux partager (*share*) ma langue et ma culture avec la future génération louisiannaise. »

ANNICK: « Je suis flamande (*flemish*), je parle le flamand et le français aussi. Le flamand et le français font partie de mon identité. J'aime voyager et le français facilite la rencontre avec des gens en Europe et dans le monde (*world*). »

1. French is part of who I am, it is part of my identity.
   a. Tiana, Amy, Annick
   b. Sébastien, Amy, Annick
   c. Sébastien, Tiana, Annick
   d. Sébastien, Amy, Tiana

2. French enhances one's job's prospects.
   a. Tiana
   b. Sébastien
   c. Amy
   d. Annick

3. French allows one to connect with people at home and across the globe.
   a. Tiana
   b. Sébastien
   c. Amy
   d. Annick

4. French increases one's mobility.
   a. Tiana
   b. Sébastien
   c. Amy
   d. Annick

01-39 **Une question d'habitude.** Sébastien and Chloë share their impressions about greetings in various cultures. Listen and read along, then indicate whether the given statements are true (*Vrai*) or false (*Faux*).

Sébastien et la bise en France. « En France, quand on dit bonjour ou au revoir à ses amis, y faut faire la bise. Pour les Québécois comme moi, t'as l'air cave (*stupid*) au début (*at the beginning*), t'fais des faux pas t'-sais. Une chose est certaine, y faut toujours commencer (*start*) par la joue gauche (*left cheek*). Le problème, c'est combien de bises y faut faire. Ça dépend de la région et des gens. En général, c'est trois bises, mais y a beaucoup d' variations, deux bises, trois bises, quatre bises. En fait, y faut observer les gens, comme ça impossible de s' tromper (*to make a mistake*). Quatre amis, douze bises, c'est tannant (*tiring*) à la fin. C'est plus simple au Québec. »

Chloë et les 'hugs' américains. « Les 'hugs' américains, c'est pas évident, même après un an passé aux États-Unis. Au début, tu t' poses des questions comme, à qui (*to whom*) j' donne (*give*) un 'hug'?, quand (*when*) est-ce que j' donne un 'hug'?, comment (*how*) est-ce que j' donne un 'hug'? Alors, tu observes. C'est pas simple, mais après quelques semaines (*weeks*), c'est plus facile. Pas de 'hug' la première fois que tu rencontres (*meet*) quelqu'un et pas de 'hug' au bureau (*office*). Tu peux donner un 'hug' à un homme ou une femme, mais un 'hug' doit être court (*short*), seules les épaules (*shoulders*) sont en contact et tu donnes quelques tapes (*taps*) dans le dos (*back*) de la personne. Au début, donner un 'hug' c'est un peu bizarre et puis tu t'habitues. A mon retour en France, faire la bise, c'était bizarre, mais maintenant, c'est OK. »

1. En France, on fait généralement la bise à ses amis.		V	F
2. Quand on fait la bise, on commence par la joue droite.		V	F
3. Généralement en France, on fait quatre bises.		V	F
4. Aux Etats-Unis, on ne peut pas (*can't*) donner un 'hug' au bureau.		V	F
5. En général, un 'hug' est long.		V	F

01-40 **Réactions.** Select the expression that best characterizes how Sébastien and Chloë feel about **faire la bise** or giving a hug at the beginning.

1. Sébastien et la bise
   a. C'est intéressant.   b. C'est incompréhensible.   c. C'est fatigant.

2. Chloë et les 'hugs'
   a. C'est incompréhensible.   b. C'est bizarre.   c. C'est intrigant.

Travail d'ensemble

01-41 **Rencontres.** Imagine that in a few years you decide to go on an exchange or a study abroad program in France. What would you do to find out about the ways people greet each other and what you are supposed to do? How would you feel about **faire la bise**?

_____

_____

_____

_____

A votre tour

Zoom sur...

Correspondants francophones sur le Web

01-42 **Infos personnelles.** eTandem is a key pal service that finds partners for all languages. On the request form, the site asks for various types of personal information. What information would you give for the following?

1. Votre niveau (*level*) de langue étrangère (*foreign*): _____

2. Vos objectifs d'apprentissage (*learning*): _____

3. Vos moyens (*means*) de communication: _____

01-43 **Infos facultatives.** In its request form, eTandem asks for various types of optional information. What information would you give for the following?

1. L'âge de votre partenaire doit (*must*) être: _____

2. Vous recherchez un partenaire originaire de/de la/du: _____

3. L'activité de votre partenaire doit être: _____

4. Domaine d'activité ou matière étudiée (*subject studied*): _____

01-44 **Les textos français—Devinette.** Read the passage and information about texting in French. Then, using the information given as a reference, write what the messages mean using the French pronunciation of the letters.

French texting

Learning French is one thing, but French on the Internet—in chat rooms or via text messaging or email can seem like a completely different language. Here are some common French abbreviations, acronyms, and symbols to help you communicate via text.

French Texting Rules:

The basic rule of texting is to express yourself with the fewest number of characters possible. This is done in two ways:

- Using abbreviations, like **TLM** for **tout le monde**
- Using letters that are pronounced like the desired sounds, like **OQP** for **occupé** (O - CCU - PÉ)

Patterns:

- **C** replaces **c'est, s'est, sais,** etc.
- **É** replaces **ai, ais,** and other spellings of similar sounds
- **K** can replace **qu** (e.g., **koi**) or **ca** (**kdo**)
- **O** replaces **au, eau, aux,** etc.

- **T** replaces **t'es** and other spellings of the same sound
- **1** replaces **un, en,** or **in**
- **2** replaces **de**

French texting	Meaning	In English
6né	Ciné	Movie theater
A+/@+	A plus tard	CUL8R
A2m1	A demain	CU2moro
AMHA	A mon humble avis	IMHO
Ab1to	A bientôt	RSN
CAD	C'est à dire	That is, i.e.,
CPG	C'est pas grave	INBD
DQP	Dès que possible	ASAP
EDR	Écroulé de rire	LOL
ENTK	En tout cas	IAC
FAI	Fournisseur d'accès Internet	ISP
JMS	Jamais	NVR
SLT	Salut	Hi
MDR	Mort de rire	ROFL
mr6	Merci	Thx
NSP	Ne sais pas	Dunno
TLM	Tout le monde	Everyone
TOQP	T'es occupé?	RUBZ?
Xlnt	Excellent	XLNT

1. C ki? _____

2. mOi c nAtALi _____

3. C' koi? _____

4. c 2 l'o _____

5. JT'M _____

Intégration

01-45 **A déchiffrer.** Try to figure out what this message says using the rules of French texting. Write out your answer.

SaLu mOi c nAtALi fAn DE Th (*Tokyo Hotel*) jViEn d pArIs. VoUs eTe fAn PrENeR MoN MsN
superfille@*** SLT TLM PaSsE dAnS MoN sKy www.superfille.skyblog.com

_____

_____

01-46 **« la font'N—La Fontaine »** Can you guess what these titles of La Fontaine fables are, using the rules of French texting? For help, go to the Web and search for *Fables de La Fontaine*.

1. le corbô É le renar: _____

2. la 6'gal' É la foumi: _____

3. le lou É l'aÑô: _____

2 Moi, ma famille et mes amis

Pour commencer

Vidéo: Au restaurant «Sur un petit vélo»

02-01 **Au restaurant.** Alexis, Emilie, Sélim, and Clémence are in a restaurant and are deciding what to order for lunch. Watch the video segment and select all the expressions you hear.

_____ 1. Regarde, ils font de la ratatouille.

_____ 2. Je vais prendre un steak de thon.

_____ 3. Et vous avez vu qu'il y a des pâtes au fromage?

_____ 4. Moi je vais prendre un burger au fromage.

_____ 5. Je vais prendre une salade, avec un peu de ratatouille.

_____ 6. Allez, je vais prendre du poulet.

02-02 **Ecrivez les mots.** What exactly are Emilie and Clémence saying? Watch the video segment and complete the dialogues with the missing words.

1. Emilie: Je pense prendre du _____ en plat principal.

Alexis: D'accord.

2. Sélim: Regarde, ils font de la ratatouille.

Emilie: Ah, de la ratatouille, comme chez ma grand-mère. Génial! _____ la ratatouille.

3. Clémence: Et en entrée je vais prendre une _____ de roquette et du chèvre frais.

4. Emilie: Et vous avez vu qu'il y a des burgers au _____?

Alexis: Moi je vais prendre un burger au fromage.

5. Alexis: J'aime beaucoup ça.

Emilie: C'est bon, hein. Moi, _____ le fromage, mais, euh... je vais peut-être prendre du poisson.

6. Clémence: Ouais, ouais prends du _____. Tu veux quoi, des pâtes?

Emilie: Ah, ou du poulet.

Pour bien communiquer: Préférences

02-03 **Ils aiment / Elles aiment.** Using the information presented in the table and the cues provided, write sentences about these people's preferences.

Modèle: Nom   le baseball
              Sébastien   **++**
              Sébastien *adore* le baseball.

++ adorer   + aimer   - ne pas aimer   - - détester

Nom(s)	le baseball	le cinéma	le brocoli	le fast-food	la musique techno
Sébastien	++	-	- -	+	-
Chloë	-	+	-	-	- -
Noah	+	+	+	++	-
Aminata	-	++	- -	-	-

1. Noah _____ le fast-food.

2. Chloë _____ la musique techno.

3. Noah _____ le cinéma.

4. Aminata _____ le baseball.

5. Sébastien _____ le fast-food.

6. Aminata _____ le brocoli.

02-04 **Pour parler de ses préférences.** Write five sentences to express your likes and dislikes. Use the word bank to select things you may like or dislike, and be sure to use the following expressions in your sentences: **j'adore, j'aime, je préfère, je déteste,** etc.

Music	le country *country*	le R&B *R&B*	le reggae *reggae*	le rock *rock*
Food	la bière *beer*	l'eau (f.) *water*	le fromage *cheese*	les œufs *eggs*
	les olives (f.) *olives*	le thon *tuna*	la viande *meat*	le vin *wine*
	le yaourt *yogurt*			
Sports	le cyclisme *bicycle racing*	le golf *golf*	le jogging *jogging*	
	la musculation *weight-lifting*	le yoga *yoga*		

1. _____

2. _____

3. _____

4. _____

5. _____

02-05 **Dialogue.** Write a short dialogue of 4–5 sentences between two people who are discussing their tastes in music, food, or sports.

_____

_____

_____

_____

Voix francophones au présent: Les introductions

02-06 **Les invités.** Listen to the Radio Bleu broadcast and choose the correct information to complete each statement.

1. Noah, je te présente ma super copine Aminata. Elle vient de [a. Dakar au Sénégal   b. Malabar aux Indes].

2. Comme toi Noah, elle adore [a. l'opéra   b. le cinéma] et le théâtre.

3. M. Nguyen, laissez-moi vous présenter Françoise Acker. Françoise Acker, je vous présente [a. Chloë   b. Monsieur Nguyen].

4. Je me présente, Annick Vanneste. Je viens de (d') [a. Belgique   b. Algérie].

5. Bonjour [a. Madame   b. Mademoiselle] Bartolli.

6. Nous sommes les hôtes de **Voix francophones au présent.** Je suis ravie de vous acceuillir à la [a. station   b. maison].

02-07 **Les présentations.** Listen once more to the radio broadcast, and write the missing words in each statement.

1. Alors comme ça Aminata, tu aimes _____ et le théâtre.

2. Françoise Acker, je vous présente M. Nguyen. _____.

3. Chloë... Chloë Bartolli. Je viens _____.

4. Bonjour, Madame Vanneste, mais appelez-moi _____.

5. Chez les femmes, nous avons ici Annick de Belgique, Françoise et Chloë de France, et là-bas Aminata

   _____, Tiana de Madagascar, Miwana de Tahiti.

6. Et chez les hommes, nous avons là Noah de Martinique, et là-bas Sébastien _____, Didier de Suisse, et Tinh de France.

Pour bien communiquer: Présentations

02-08 **On fait les présentations.** Select the appropriate response for each situation.

1. Je te présente Sébastien.
   a. A tout à l'heure!   b. Heureux de te connaître.   c. Merci.

2. Laissez-moi vous présenter M. Nguyen.
   a. Moi de même.   b. Enchantée.   c. Salut!

3. Allez, au revoir, Aminata.
   a. A tout à l'heure, Sébastien.   b. Bonjour!   c. Moi de même.

4. Voici mon amie Aminata. Elle est de Dakar.
   a. Salut.   b. A bientôt.   c. Ciao, Aminata.

5. Au revoir, Monsieur, bonne journée.
   a. Merci, Madame.   b. Enchanté!   c. Au revoir, Monsieur.

6. A bientôt, Martine.
   a. Enchanté.   b. Moi de même.   c. A tout à l'heure!

Pour bien prononcer: Final consonants

02-09 **Bien prononcer.** Read the following sentences orally, and be sure to pronounce the final consonants correctly.

1. J'aime le jazz mais je n'aime pas le hip-hop.

2. Je te présente ma super-copine.

3. Je suis très heureuse de te connaître.

4. Les adolescents aiment le fast-food?

02-10 **Les consonnes finales.** Listen to each word and indicate whether the final consonant is pronounced. Write the letter of the final consonant if it is pronounced, and write an X if the final consonant is not pronounced.

1. aimer _____

2. le parc _____

3. le cours _____

4. l'étudiante _____

5. Paris _____

6. styliste _____

Tutoyer et vouvoyer

02-11 **Quoi faire?** Imagine that you meet the following people on the street. Select what you would say and how you would behave in each situation.

Odile, Irène et Paule, old friends

1. You say:
   a. Salut les filles.
   b. Heureux de vous connaître.
   c. Enchanté!

2. You do:
   a. faire la bise
   b. serrer la main
   c. faire la bise et serrer la main.

Madame Corbé, your teacher

3. You say:
   a. Bonjour, Madame.
   b. Salut!
   c. Moi de même.

4. You do:
   a. faire la bise
   b. serrer la main
   c. rien (*nothing*)

Monsieur Benoît, the local baker

5. You say:
   a. A tout à l'heure.
   b. Bonjour, Monsieur Benoît.
   c. Enchanté de faire votre connaissance.

6. You do:
   a. rien
   b. serrer la main
   c. faire la bise

Oncle Emile, your uncle

7. You say:
   a. Bonjour, Monsieur.
   b. Bonjour tonton Emile.
   c. Heureux de vous connaître.

8. You do:
   a. faire la bise
   b. serrer la main
   c. lever la main (*raise your hand*)

02-12 **Ce qu'on dit.** Based on the excerpts you hear, choose the appropriate formal or informal response.

1. a. Salut!
   b. Enchantée.

4. a. Ciao, Marie!
   b. Je suis ravi de faire votre connaissance.

2. a. Bonjour, Mademoiselle.
   b. J'aime le cinéma.

5. a. Enchanté, Madame.
   b. Salut, Aminata!

3. a. Très bien, merci. Et vous?
   b. Salut!

6. a. A tout à l'heure.
   b. Très bien, et toi?

02-13 **Dans la rue.** Imagine that you are meeting the following people in town. What would you say to them?

1. your 12-year-old cousin

_____

2. your father

_____

3. your teacher

_____

4. your neighbor, an elderly person

_____

Comment dire?

Subject pronouns

02-14 **Les pronoms sujets.** Complete each exchange with the appropriate subject pronouns.

1. Ah, voici Monsieur et Madame Boroni. _____ s'appelle Georges et _____ s'appelle Louise.

2. C'est Marie-Christine et Henriette Malet. _____ habitent à Paris.

3. —Hervé, _____ aimes l'opéra, n'est-ce pas? _____ ai deux billets pour Aïda pour ce soir.

4. —Enchanté, Madame. _____ êtes de Berlin, n'est-ce pas?

5. Nadia, Geneviève et Jeanne, _____ aiment le cinéma, n'est-ce pas?

6. Nadine et Anwar sont amis et _____ aiment voyager ensemble (*together*).

Regular *-er* verbs

02-15 **Complétez les phrases.** Complete each statement with the correct form of the verb.

1. Sébastien, est-ce que tu _____ (regarder) la télé souvent?

2. Chloë _____ (habiter) à Paris.

3. Vous _____ (jouer) de la guitare?

4. Alexis et Clémence et moi, nous _____ (étudier) ensemble.

5. Aminata et Chloë, elles _____ (manger) tout le temps au restaurant.

6. Noah, est-ce que tu _____ (cuisiner) des plats chinois (*Chinese*)?

7. Sélim _____ (adorer) les pâtes.

8. Noah et moi, nous _____ (travailler) ensemble.

02-16 **A vous.** Listen to the following sentences and respond in writing by telling what you would do in each circumstance.

Modèle: Aminata dîne souvent au restaurant. Et vous?
Moi, je dîne souvent au restaurant aussi. or
Moi, je ne dîne pas souvent au restaurant.

1. _____

2. _____

3. _____

4. _____

5. _____

6. _____

The definite article

02-17 **Mes préférences.** Each of these people is describing his/her preferences. Fill in the definite article (**le, l', la, les**) in their descriptions.

GINA: La musique? J'aime la musique moderne, comme 1. _____ rock et 2. _____ rap. Je n'aime

pas 3. _____ musique folklorique ni 4. _____ jazz. Pour moi, c'est 5. _____ bruit qui

compte (*matters*).

KHALED: Ce que j'aime comme nourriture? J'aime 6. _____ fast-food: j'aime 7. _____ pizza, 8. _____

hamburger, 9. _____ frites. Et comme boisson, j'aime 10. _____ vin et 11. _____ eau minérale.

CHRISTIANE: Mes cours préférés? Alors, c'est 12. _____ art moderne et 13. _____ danse. J'aime aussi

14. _____ histoire de l'art, et 15. _____ peinture.

02-18 **Ce que j'aime.** Use the expressions and the vocabulary words in the word bank to write three sentences telling about the things you like. Remember to use the appropriate definite articles.

Expressions Word bank	J'adore...	J'aime beaucoup...	J'aime...	J'apprécie...
	université	eau minérale	rap	sciences
	basketball	frites	oignons	sports
	rock	mathématiques	études	
	pizza	brocoli	scientifiques	
			anglais	
			vin	
			football	

1. _____

2. _____

3. _____

02-19 **Ce que je n'aime pas.** Use one of the expressions to express dislike of each of the following things, and give your reactions in complete sentences.

Je n'apprécie pas beaucoup…

Je n'aime pas beaucoup…

Je n'aime pas…

Je déteste…

1.  _____

2. _____

   _____

3. _____

4.  _____

   _____

5.  _____

   _____

6.  _____

Travail d'ensemble

02-20 **C'est moi.** Give a short introduction of yourself orally. Be sure to mention your name, where you live, where you come from and at least two likes and two dislikes.

Pour aller plus loin

C'est moi Loulou

02-21 **Qui est-ce?** Review the text **C'est moi Loulou** (p. 44) in your textbook. From the clues provided, identify the person Loulou is referring to. Write (P) for **père**, (M) for **mère**, (MA) for Martine, her older sister, (Z) for Zoé, her younger sister, (H) for Hervé, her little brother, and (L) for Loulou, the writer.

1. _____ J'ai 4 ans et je suis le diabolique.

2. _____ Je suis handicapée et je travaille à la maison.

3. _____ Je suis la plus âgée et je suis au collège.

4. _____ Je suis brocanteur et j'ai un magasin.

5. _____ Je suis intolérante au lactose. Je ne mange pas de fromage.

6. _____ Je suis au collège avec ma grande sœur.

02-22 **La bonne réponse.** Listen to the recordings, which provide short biographical sketches of Loulou's family members. Then complete the sentences by selecting the correct information.

1. Je suis [a. brocanteur   b. travailleur].

2. Je travaille [a. dans un magasin   b. à la maison].

3. Je ne mange pas [a. de yaourt   b. de poisson].

4. J'ai 4 ans. Je suis [a. à la maternelle   b. en CM1].

Pour bien communiquer: La famille

02-23 **Pour parler de sa famille.** Look at Loulou's family tree, and complete the sentences with the names or the relationships between the people in her family.

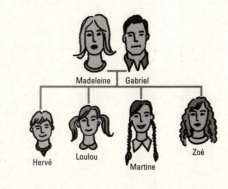

1. Gabriel est _____ de famille.

2. Le nom de la mère, c'est _____.

3. Le frère de Loulou s'appelle _____.

4. Il y a _____ enfants dans la famille.

5. Il y a trois _____ et un garçon.

6. _____ est le nom d'une des filles.

02-24 **Présentations.** Imagine that you are introducing the following people, who are related to you. Complete the sentences with their relationship to you.

Cousin/Cousine	Neveu/Nièce	Frère/Sœur
Jacques	Sébastien	Roger
Nina	Nadia	Lucie

1. Voici Nina qui est ma _____.

2. Je vous présente Nadia. Nadia est ma _____.

3. C'est Roger qui est mon _____.

4. Voici Lucie. Lucie est ma _____.

5. Je suis heureux de te présenter Sébastien, mon _____.

6. C'est mon _____ Jacques.

Pour bien communiquer: Compter de 70 à 100

02-25 **Numéros de téléphone.** You have been asked to answer the phone and take messages; write down the names and French telephone numbers you hear. Note that the French telephone numbers are made up of five groups of two numbers.

Modèle: Jean Dubois 01.44.36.72.92
    Jean Dubois 01.44.36.72.92

1. _____

2. _____

3. _____

4. _____

02-26 **Les nombres.** Write out the numbers in the following sentences.

Modèle: Monsieur Tinelli a 75 ans.
soixante-quinze

1. J'ai 72 CD. _____

2. Dans ma résidence universitaire, il y a 76 étudiants. _____

3. J'ai environ 60 livres et manuels. _____

4. J'habite à 86 kilomètres de l'université. _____

Le jour où je me suis pacsée

02-27 **Mon chouchou.** Listen to the audio segment, then fill in the missing words in the following paragraph.

Mon chouchou et moi 1. _____ en couple. Une chose est sûre, nous

2. _____. 3. _____ un appartement. Nos amis commencent

à faire des commentaires. Ma mère dit: Je vais 4. _____ le mariage. Tatie

Geneviève dit: Il faut faire 5. _____. Je demande à mon chouchou: Tu veux te

6. _____?

02-28 **Résumé.** Review the text **Le jour où je me suis pacsée** (p. 47) in your textbook. Write 3–4 sentences in your own words that summarize in French this reading passage.

_____

_____

_____

_____

Comment dire?

Possession and possessive adjectives

02-29 **Possession.** Complete the sentences with the appropriate possessive adjective.

1. _____ numéro de téléphone? C'est le 01.43.35.18.05.

2. Le nom de _____ sœur? Elle s'appelle Chantal.

3. _____ spécialité académique? C'est la philosophie.

4. _____ adresse? J'habite au 120, rue de la Gare.

5. _____ cours ce semestre? Je suis un cours d'anglais et un cours de maths.

6. Le nom de _____ père? Il s'appelle Charles.

7. _____ amis? Il y a Ahmed, Roger, Maïté et Lucie.

8. La marque de _____ voiture? Je n'ai pas de voiture.

02-30 **Opinions et préférences.** These people are expressing their opinions on various subjects. Complete the following sentences with the appropriate form of the possessive adjective.

1. Catherine a des goûts (*tastes*) bizarres: _____ cours préférés sont le marketing et l'histoire de l'art chinois.

2. Monsieur Nguyen, quelle est _____ opinion sur les relations entre la France et le Laos?

3. Georges, est-ce que _____ cousine aime danser?

4. Léon et Magali sont en vacances en Italie. Ils pensent que _____ vacances sont très belles.

5. Vous voulez _____ opinion sur la situation économique? Je pense qu'elle n'est pas bonne.

6. _____ amis et moi, nous avons deux semaines de congés.

The verb *avoir*

02-31 **Le verbe *avoir*.** The following people are describing possessions or their conditions in life. Complete each statement or question with the appropriate form of the verb **avoir**.

1. M. Nguyen, vous _____ un supermarché au 13ᵉ arrondissement, n'est-ce pas?

2. C'est Didier Neyraud. Il _____ une concession Audi à Genève.

3. Tu _____ deux sœurs, n'est-ce pas?

4. Quand on travaille en France, on _____ cinq semaines de congés.

5. Nous _____ des vacances à Noël.

6. Nadia et Anwar, ils _____ des parents algériens.

02-32 Ecoutez et écrivez. Listen to the audio cues and fill in the missing elements in each sentence.

1. Julien _____ sœur. Elle s'appelle _____.

2. Isabelle _____ sœur. Son _____ s'appelle Alexis.

3. Vous _____ cousines, n'est-ce pas?

4. Yves et moi, _____ une Renault.

5. Nicole et Zeneb _____ des congés de Noël.

6. Séb _____ jumeaux (*twins*).

Adjectives, gender and number

02-33 Opinions et préférences. Complete the following sentences with the appropriate form of the adjectives.

1. Catherine préfère les cours _____. (théorique)

2. Moi, j'aime les sciences _____. (naturel)

3. Vous aimez la peinture (*painting*) _____? (abstrait)

4. Sylvie aime l'art _____. (moderne)

5. Mon cours de littérature _____ (français) est intéressant.

6. Le cours de mathématiques et le cours de sociologie sont très _____. (différent)

02-34 Nationalités. Using the information about the following people, give their nationalities.

Modèle: Chloë est originaire de Paris.
Chloë est *française.*

1. Hans est né en Allemagne. Il est _____.

2. Juan et son frère sont originaires de Madrid. Ils sont _____.

3. La famille Thompson est de Londres. Elle est _____.

4. Mon frère et moi nous sommes nés à Chicago. Nous sommes _____.

5. Dans la famille Lemaire, il y a trois sœurs. Elles sont nées à Marseille.
Elles sont _____.

6. Agnetha est de Suède. Elle est née à Stockholm. Elle est _____.

Travail d'ensemble

02-35 **Moi et ma famille.** Write an email introducing yourself and your immediate family. Describe your father and mother, brothers and sisters if any, and aunts and uncles. What is the name of each member of your family? What kind of work / study do they do?

_____

_____

_____

_____

A la découverte

Petit tour d'horizon

02-36 **Données démographiques.** Review the text **Les grandes tendances démographiques de la France** (p. 54) in your textbook and indicate whether the following statements are true (*Vrai*) or false (*Faux*).

1. Aujourd'hui le Pacs est plus populaire que le mariage en France.   V   F

2. Le taux de mariage en France commence à décliner au début du 21ème siècle.   V   F

3. Les couples homosexuels sont majoritaires parmi (*among*) les **pacsés**.   V   F

4. Les femmes se marient plus tard (*later*) que les hommes.   V   F

5. Le nombre d'enfants nés hors mariage en France a augmenté (*increased*) de 77%   V   F
    depuis (*since*) 1970.

6. Presqu'un quart des bébés français sont nés de mamans agées de 35 ans et plus.   V   F

02-37 **Question de terminologie.** Review the text **Les grandes tendances démographiques de la France** (p. 54) in your textbook and find the French word(s) in the text that correspond to the following phrases.

1. is decreasing   2. out of wedlock   3. are born   4. average age

1. _____   3. _____

2. _____   4. _____

02-38 **Les nouveaux papas en France.** Review the survey **Les nouveaux pères, idéals ou pas?** (p. 55) in your textbook and choose the correct answer to each question.

1. Pendant la semaine, qui s'occupe le plus (*more*) des enfants?
    a. la mère
    b. le père
    c. le père comme la mère s'occupent de leurs enfants

2. Quand les pères s'occupent des enfants, qu'est-ce qu'ils sont plus susceptibles (*likely*) de faire?
    a. les emmener à l'école   b. les emmener au parc   c. leur donner à manger

3. Comment les pères expliquent le fait qu'ils ne s'occupent pas autant (*as much*) des enfants que
    les mères?
    a. la mère préfère le faire   b. ils n'ont pas le temps   c. ils ne savent pas comment faire

02-39 **J'ai une hypothèse.** Give a plausible reason why fathers might be less likely to take their children to the dentist's/doctor's office or drive them to sporting activities.

_____

_____

Point d'intérêt

02-40 **Relations parents-enfants: Strictes ou pas.** Review the survey **Les parents et l'autorité parentale** (p. 56) in your textbook and choose the correct answer.

1. How are decisions in the French household made?
   a. Parents lay down the law, children have no say in the decision-making process.
   b. Parents first talk with their children before telling them what to do.
   c. Parents advise their children but let them decide for themselves.

2. What is the main source of conflict between French parents and children?
   a. TV watching   b. School grades   c. Household chores

3. How strict do French parents think they are with their children?
   a. Very   b. Somewhat   c. Not much

02-41 **En résumé.** Choose the answer that best characterizes the data presented in your textbook.

1. French parents are...
   a. Controlling   b. Not controlling

2. Of the top three sources of conflicts between French parents and children, two are...
   a. School-related   b. Non-school related

3. French parents consider themselves to be...
   a. Strict   b. Not strict

02-42 **Faut-il punir son enfant?** Read the text about how the French feel about punishing a misbehaving child, then list at least 10 cognates that you found in the passage.

Refus de participer aux tâches ménagères, résultats (*results*) médiocres à l'école, comportement (*behavior*) inacceptable. Les enfants sont les enfants et les parents sont confrontés (*are faced*) un jour ou l'autre à une situation qui nécessite une punition (*punishment*).

Dure dure la vie des enfants! Dure dure la vie des parents! La famille, les amis et les spécialistes les bombardent de recommandations éducatives. Quoi faire? Les parents hésitent à punir leur enfant de peur (*for fear*) d'affecter son épanouissement (*development*) personnel, et s'ils punissent (*punish*), souvent ils se sentent coupables (*feel guilty*) de l'avoir fait ou de l'avoir fait comme ça.

Depuis quinze ans environ, le rôle de la punition dans l'éducation des enfants est contesté, mais aujourd'hui il fait à nouveau question. Dans son livre *Punir, pour quoi faire?*, la sociologue Judith Lazar affirme que « *la punition a une valeur éducative* ». Un récent sondage indique que 58% des parents admettent avoir « *souvent* » ou « *parfois* » puni leurs enfants, 26% ne punissent leurs enfants « *qu'exceptionnellement* » et 16% ne punissent « *jamais* » leurs enfants. Certains médecins (*doctors*) et psychologues du développement enfantin sont plus mesurés (*more measured*). L'autorité parentale est nécessaire et les parents peuvent recourir (*resort*) à la punition si besoin est (*if needed*). Mais cela ne répond pas à la question, quand faut-il punir et comment?

Dans les faits, la punition corporelle est encore très utilisée, 74% des parents admettent avoir donné à leur enfant « une tape (*slap*) sur la main, la joue (*cheek*) ou la fesse (*buttock*) » et 69% reconnaissent avoir donné la fessée (*spanking*). Chez les spécialistes de la psychologie enfantine, la punition corporelle est décriée (*decried*). Si la punition est nécessaire, ils préfèrent des alternatives non-violentes comme une privation ou un contrat qui n'affectent pas l'équilibre psychique de l'enfant. Tous les spécialistes de la psychologie enfantine sont d'accord, il faut parler à l'enfant, il faut indiquer à l'enfant que pour toute transgression, il y a des conséquences, il faut expliquer les raisons de la punition.

02-43 **Punir ou ne pas punir.** Read the passage in activity 02-42 again, then choose the word or phrase that best completes each statement.

1. Les parents français [se sentent coupables / ne se sentent pas coupables] quand ils punissent leurs enfants.

2. Une [majorité / minorité] de parents français punissent leurs enfants.

3. La punition corporelle [est encore utilisée / n'est plus utilisée] pour discipliner les enfants en France.

4. Globalement, les psychologues du développment enfantin pensent que la punition corporelle [a un rôle / n'a pas de rôle] à jouer dans l'éducation des enfants.

5. Quand la punition est nécessaire, les psychologues du développement enfantin suggèrent aux parents français [de punir en premier et de parler ensuite avec l'enfant / de parler avec l'enfant en premier et de punir ensuite].

6. Quand la punition est nécessaire, les psychologues du développement enfantin suggèrent aux parents français d'utiliser des types de punition [violents / pas violents].

02-44 **L'éducation des enfants.** In these passages, Miwana and Amy share their perspectives on child-rearing practices and parent-children relationships in France, Tahiti, and the U.S. Listen and read along, then indicate whether each of the statements is said by Miwana, Amy, both Miwana and Amy, or Sophie, Amy's friend.

Miwana, grandir à Tahiti. J' reste (*stay*) chez mes grands-parents paternels à Paris pendant ma visite en France. La semaine dernière (*last week*), ma grand-mère a fait un grand dîner; mes tantes, mes oncles et tous mes cousins étaient là (*were there*). Un truc (*a thing*) que j'ai remarqué pendant la soirée, c'est que les enfants en France sont élevés différemment des enfants à Tahiti. En France, il semble que les parents sont uniquement responsables de l'éducation des enfants; les frères et sœurs, les grands-parents, les tantes et oncles jouent pas de rôle essentiel. Moi, mon père est français mais ma mère est tahitienne et j'ai grandi (*was raised*) à Tahiti entourée de (*surrounded by*) mes frères et sœurs, de mes oncles, tantes, cousins, grands-parents maternels et même les amis de la famille et ils s'occupaient tous de moi. Les enfants tahitiens n'ont pas deux parents mais de multiples parents, ils n'ont pas une maison, mais de multiples maisons. Elever les enfants (*child rearing*) continue d'être une responsabilité collective à Tahiti même si ce n'est pas toujours facile dans la vie moderne. Il y a beaucoup d'avantages à cela, un enfant n'est jamais seul (*never alone*), il reçoit (*get*) beaucoup d'attention et les parents sont moins stressés, c'est bien pour les enfants. Personnellement, je préfère cela. En France, l'éducation des enfants me paraît froide (*cold*), dure (*harsh*) et stricte. Elle semble être la seule responsabilité des parents et c'est stressant pour eux. Pendant cette soirée, mes oncles et tantes en France criaient après (*shouted at*) mes cousins quand ils faisaient des bêtises (*misbehaved*) et disaient souvent « ça suffit, tu m'entends » (*that's enough you hear me*), tout le monde était très énervé (*agitated*).

Amy, babysitter le week-end. J' garde deux enfants (*babysit*), Bénédicte et Raphaël, le samedi après-midi. Ils ont six et huit ans. Peut-être que je devrais pas (*should not*) généraliser, j' connais (*know*) que cette famille, mais je trouve les relations entre parents et enfants différentes en France. Les parents français sont plus sévères que les parents américains. Les parents de Bénédicte et Raphaël crient après leurs enfants, ils donnent parfois des tapes et ils disent souvent « ça suffit, tu m'entends ». Ça me met un peu mal à l'aise (*uncomfortable*). Bénédicte et Raphaël doivent bien se tenir (*must behave well*), sinon attention. J' parle souvent de cela avec ma copine française, Sophie, qui a travaillé comme fille au pair aux Etats-Unis. Elle me dit qu'en France les enfants ne sont pas le centre d'attention comme en Amérique. Ils doivent apprendre les bonnes manières (*good manners*) quand ils sont jeunes et pour atteindre ce but (*reach this goal*), il faut les discipliner, il faut les 'civiliser' comme elle dit. Pour Sophie, c'est certain, les enfants français sont mieux élevés que les enfants américains parce que les parents les disciplinent. Moi j' pense que toute cette répression, ces manières à respecter tuent (*kill*) la créativité des enfants.

1. Les parents français sont sévères avec les enfants.
   a. Miwana   b. Amy   c. Miwana et Amy   d. Sophie, l'amie d'Amy

2. Avoir plusieurs personnes impliquées (*involved*) dans l'éducation des enfants est commun.
   a. Miwana   b. Amy   c. Miwana et Amy   d. Sophie, l'amie d'Amy

3. Les enfants français se comportent mieux que les enfants américains parce que les parents les disciplinent.
   a. Miwana   b. Amy   c. Miwana et Amy   d. Sophie, l'amie d'Amy

4. En France, les enfants ne monopolisent pas l'attention des parents.
   a. Miwana   b. Amy   c. Miwana et Amy   d. Sophie, l'amie d'Amy

5. Mes parents, ma famille et les amis de mes parents ont tous joué un rôle dans mon éducation.
   a. Miwana   b. Amy   c. Miwana et Amy   d. Sophie, l'amie d'Amy

6. On entend les parents français souvent dire « Ça suffit, tu m'entends » à leurs enfants.
   a. Miwana   b. Amy   c. Miwana et Amy   d. Sophie, l'amie d'Amy

7. L'éducation des enfants est une responsabilité collective.
   a. Miwana   b. Amy   c. Miwana et Amy   d. Sophie, l'amie d'Amy

8. Contrôler les enfants empêche le développement de leur créativité.
   a. Miwana   b. Amy   c. Miwana et Amy   d. Sophie, l'amie d'Amy

9. Quand plusieurs personnes sont impliquées (*involved*) dans l'éducation des enfants, les enfants reçoivent plus d'attention.
   a. Miwana   b. Amy   c. Miwana et Amy   d. Sophie, l'amie d'Amy

10. La discipline est nécessaire pour apprendre les bonnes manières aux enfants.
    a. Miwana   b. Amy   c. Miwana et Amy   d. Sophie, l'amie d'Amy

02-45 **Eduquer les enfants, trois pays, trois manières.** Read the passages in activity 02-44 again. In these passages Miwana and Amy give their perspectives on child-rearing practices and parent-children relationships in France, Tahiti, and the U.S. Listen and read along, then describe in French, in your own words Miwana's and Amy's perspectives on child-rearing practices and parent-children relationships in France. What are the main differences between France, Tahiti, and the U.S. with regard to these issues?

_____

_____

_____

_____

Travail d'ensemble

02-46 **Et vous?** Upon reading Miwana's and Amy's reactions to child-rearing practices and parent-children relationships in France, what are your thoughts? How do you explain that in the surveys, French parents report that they are not strict with their children, and yet Miwana and Amy think that they are?

_____

_____

_____

A votre tour!

Zoom sur…

02-47 **Une question de structure.** Review the **Riou–Le Goff** family tree (p. 62) in your textbook and choose who these people are in relation to Pierre Riou and Claudine Le Goff.

1. Loïc, Céline et Laurence Riou sont leurs…
   a. parents   b. enfants   c. petits-enfants

2. Erwan Riou, Julia Guegen et Yann Peron sont leurs…
   a. parents   b. enfants   c. petits-enfants

02-48 **La jeune génération.** Muriel is Pierre's and Claudine's oldest grandchild. Review the **Riou–Le Goff** family tree (p. 62) in your textbook and complete each statement using the following words: **cousins, cousines, frère, sœurs, oncles, tantes, père, mère, grands-parents.**

Muriel a un 1. _____, Erwan.

Muriel a quatre 2. _____, Marie, Julia, Charlotte et Inès, et trois 3. _____, Hervé, Gael et Yann.

Muriel a deux 4. _____, Cécile et Laurence, et deux 5. _____, Eric et Christophe.

Muriel a deux 6. _____, Pierre et Claudine.

Le 7. _____ de Muriel s'appelle Loïc et sa 8. _____ s'appelle Maëlle.

Le père de Muriel a deux 9. _____, Cécile et Laurence.

02-49 **Relations familiales.** Review the **Riou–Le Goff** family tree (p. 62) in your textbook to complete the description of Muriel's family below.

Bonjour, je m'appelle Muriel Riou. Je suis née (I was born) à 1. _____ en Colombie. J'ai un

2. _____, Erwan, il a un an de moins que moi (he is one year younger than me). Mon 3. _____

s'appelle Loïc et ma 4. _____ s'appelle Maëlle. Mon père est originaire de 5. _____ et ma mère est

originaire de 6. _____. J'ai deux 7. _____, Eric et Christophe et deux 8. _____, Cécile et

Laurence. J'ai sept 9. _____ qui sont tous plus jeunes que moi. Mes 10. _____ s'appellent Pierre

et Claudine.

02-50 **Les arrière-grands-parents de Muriel.** Now, finish Muriel's family tree by adding the information she provides about her great-grandparents in the text **Relations Familiales.**

Mon arrière-grand-père paternel s'appelle Pierre-Jean Riou, mais tout le monde l'appelle Louis. Il est né à Crozon le 5 octobre 1904 et il est décédé le 3 décembre 1978 à Crozon où il a passé toute sa vie. Mon arrière-grand-mère paternelle s'appelle Marie Francine Le Bihan, mais tout le monde l'appelle France. Elle est née le l3 juin 1905 à Crozon et elle est décédée le 17 octobre 1997 à Crozon. Mes arrière-grands-parents paternels se sont mariés le 4 juin 1927 à Crozon.

1. Nom de l'arrière-grand-père paternel de Muriel: _____

2. Date de naissance de l'arrière-grand-père paternel de Muriel: _____

3. Lieu de naissance de l'arrière-grand-père paternel de Muriel: _____

4. Date de décès de l'arrière-grand-père paternel de Muriel: _____

5. Nom de l'arrière-grand-mère paternelle de Muriel: _____

6. Date de naissance de l'arrière-grand-mère paternelle de Muriel: _____

7. Lieu de naissance de l'arrière-grand-mère paternelle de Muriel: _____

8. Date de décès de l'arrière-grand-mère paternelle de Muriel: _____

9. Date du marriage des arrière-grands-parents de Muriel: _____

10. Lieu du marriage des arrière-grands-parents de Muriel: _____

02-51 **Les petits-enfants de Pierre et Claudine.** Pierre and Claudine have 9 grandchildren so far. Review the **Riou–Le Goff** family tree and answer the following questions by filling in the blanks with the correct names or numbers.

1. Qui est l'aîné (*eldest*) des petits-enfants? _____

2. Qui est le benjamin (*youngest*) des petits-enfants? _____

3. Pierre et Claudine ont combien de petites-filles? _____

4. Pierre et Claudine ont combien de petits-fils? _____

Intégration

02-52 **Une famille.** Visit this family website and select one person on this page and find out about her or his family. Write a paragraph detailing her or his family so you can get a sense of how typical but also diverse this family is. You may use the description in activity **02-49** as a model.

_____

_____

_____

_____

_____

_____

_____

02-53 **Les hommes et les femmes.** In **A la découverte,** we talked about the age of women and men when they marry for the first time. Visit this family website and look at the women and men of each generation, and select the answers to the following questions.

1. In this family, how old were the men and women born in the first half of the 20th century when they got married?
   a. 20 +   b. 30 +   c. 40 +

2. In this family, how old were the men and women born in the 1960s–1970s when they got married?
   a. 20 +   b. 30 +   c. 40 +

3. In this family, how many children did the men and women married between 1955–1975 have on average?
   a. 1–3   b. 3–6   c. 6 +

4. In this family, on average, how many children did the men and women married between 1975–1995 have?
   a. 1–3   b. 3–6   c. 6 +

5. In general, are the INSEE family statistical data reflected in this family?
   a. Yes   b. No

3 Nouvelle étape

Pour commencer

Vidéo: Dans mon appartement

03-01 **Mon appartement.** Emilie is showing us around her apartment and pointing out furniture. Watch the video segment and select all the statements you hear.

_____ 1. Ici nous arrivons dans mon petit coin salon, salle à manger.

_____ 2. Voici ma salle à manger. Il y a ma table et deux chaises.

_____ 3. J'ai récupéré les meubles de chez ma grand-mère.

_____ 4. J'ai récupéré un vieux buffet.

_____ 5. Ici c'est mon grand bureau où je travaille tous les jours.

_____ 6. C'est la table où je peux dîner toute seule ou avec des amis.

03-02 **Ecrivez les mots.** What exactly is Emilie saying? Watch the video segment and write the missing words.

1. Donc, j'ai récupéré un vieux buffet _____.

2. Avec une jolie lampe et un _____ abat-jour.

3. Et ici c'est la table où je peux dîner toute seule ou avec des amis qui est assez _____.

4. ... avec _____ chaises...

5. ... une _____ table en bois.

Pour bien communiquer: Mes effets personnels

03-03 **Ma chambre.** Look at the drawing and write in the French words for the items in the bedroom. Be sure to include **un** or **une**.

1. _____

2. _____

3. _____

4. _____

5. _____

6. _____

7. _____

8. _____

9. _____

03-04 **Mes affaires.** Write a short description of the items in your own room. Describe the main pieces of furniture as well as any electronics you may have.

_____

_____

_____

_____

Voix francophones au présent: Les millénials, Sébastien et Chloë

03-05 **Garder le contact.** Listen to the broadcast and choose the correct information to complete the conversation.

PIERRE: Dites-nous comment vous restez en contact avec les gens dans votre vie.

CHLOË: Bon, ben moi, j'ai 1. [a. un iPod Touch b. un ordinateur portable] qui me permet de vérifier mes e-mails, 2. [a. regarder des films b. consulter mes rendez-vous] et les coordonnées 3. [a. de mes amis b. de mes copains] dans mon carnet d'adresses. Je peux aussi écouter 4. [a. les nouvelles b. ma musique] ou regarder des films quand je veux. J'ai un portable. J'ai aussi un ordi portable que j'utilise surtout pour 5. [a. envoyer des e-mails b. rester en contact] et faire des recherches sur Internet.

03-06 Les millénials. Listen once more to the broadcast, and fill in the missing words in the dialogue.

DAHLILA: Et vous, Sébastien?

SÉBASTIEN: Comme Chloë, j'ai un portable, un ordinateur portable et un autre de bureau. J'ai aussi

1. _____, c'est très pratique quand je fais

2. _____.

DAHLILA: Vous allez sur Internet fréquemment?

SÉBASTIEN: Oui, tous les jours et même plusieurs fois par jour pour 3. _____

et pour faire des recherches. J'ai un compte sur Facebook que j'utilise surtout pour mon boulot.

Dans mon profil, il y a 4. _____ et des exemples de

mon travail. Je suis graphiste, comme vous savez.

CHLOË: Pareil pour moi, j'ai un compte sur Facebook que j'utilise pour

5. _____ avec ma famille et mes amis en France et à

l'étranger. J'ai toutes 6. _____ de mes voyages.

Pour bien prononcer: Intonation

03-07 Intonation. Give the following sentences orally in the conversation between Pierre and Noah. Be careful with the intonation of the sentences.

PIERRE: Alors, vous êtes de Martinique?

NOAH: C'est ça. Mais maintenant j'habite ici à Paris.

PIERRE: Et quel est votre métier?

NOAH: Pour le moment je suis étudiant.

PIERRE: Vous êtes ici depuis combien de temps?

NOAH: Depuis un mois. Je suis bien installé dans un studio.

PIERRE: Appelez-moi si vous avez besoin.

03-08 Quelle intonation? Sébastien introduces himself and tells about his future plans. Listen to the passage and indicate in the paragraph below whether the intonation is rising (R) or falling (F).

Je suis québécois, 1. _____ mais j'habite temporairement à Paris 2. _____. Je fais un stage pour avoir

des expériences pratiques 3. _____. Je considère que c'est très important d'avoir des expériences

concrètes 4. _____ pour trouver un poste permanent 5. _____. Je vais faire des stages plusieurs fois

6. _____ dans ma carrière 7. _____.

Génération Y

03-09 **Génération Y.** How would you expect a member of Generation Y to answer the following questions? Select all the answers that apply.

Où est-ce que vous travaillez?

_____ 1. Je travaille pour la compagnie Renault.

_____ 2. Je suis graphiste pour une compagnie de web design.

Comment est-ce que vous communiquez?

_____ 3. J'ai un portable et un ordi portable.

_____ 4. J'envoie des textos et j'ai un compte sur Facebook.

_____ 5. Je communique rarement avec mes amis.

Pour bien communiquer: Petits boulots et compétences

03-10 **Quel poste?** Look at the following pictures of people's jobs, and select the statement that best describes each one.

1.
 _____

a. J'aime enseigner.

b. Je veux un poste dans l'audiovisuel.

c. Je voudrais un poste dans un bureau.

d. Je préfère travailler dans un laboratoire.

2.
 _____

3.
 _____

4.
 _____

03-11 Quel boulot? Four people tell about their career preferences. Listen to each person describe where they would like to work, and match each person with the job description.

1. _____

2. _____

3. _____

4. _____

a. Je voudrais un poste dans l'enseignement.

b. Je voudrais un poste dans l'audiovisuel.

c. Je voudrais un poste dans un bureau.

d. J'aime le travail de laboratoire.

Comment dire?

Indefinite articles

03-12 Qu'est-ce que tu as? Complete the following brief dialogues with the correct forms of the indefinite article **un, une, des,** or with **de**.

1. —Est-ce que tu as _____ portable?

   —Non, moi je n'ai pas _____ portable, mais j'ai _____ ordinateur portable.

2. —Est-ce que tu as _____ télé?

   —Non, je n'ai pas _____ télé. Je n'ai pas le temps.

3. —Et toi, est-ce que tu as _____ chansons françaises sur ton iPod?

   —J'ai _____ ou deux chansons françaises. Je préfère le rock américain.

4. —Est-ce que tu as _____ posters sur les murs (*walls*) de ta chambre?

   —Oh, oui. J'ai _____ poster de Picasso et _____ poster de Klee. J'aime l'art moderne.

Irregular adjectives and adjective position

03-13 Au travail. Complete the following sentences with the correct form of the adjective. Note that some of the adjectives are normally placed before the noun whereas others are placed after the noun.

1. Je vais au café pour rencontrer ma _____ (vieux) amie Nadia.

2. Nous allons chercher un _____ (nouveau) travail.

3. Je suis dans une situation _____ (difficile). Je voudrais un horaire plus flexible.

4. Nous avons de _____ (mauvais) nouvelles à annoncer: le projet est annulé.

5. Il ne reste qu'un _____ (petit) problème à résoudre. Nous avons presque (*almost*) terminé.

6. Et moi, j'aime les projets _____ (créatif).

03-14 Quel adjectif? Listen to the description of each person and decide which adjective best describes him or her. Then write the appropriate form of the adjective.

Modèle: Noah aime la programmation. Il est raisonnable, bien organisé et méthodique.
artistique, ambitieux, logique   *logique*

1. sociable, réservé, intellectuel   _____

2. sociable, intellectuel, pessimiste   _____

3. pessimiste, ambitieux, réservé   _____

4. gentil, pessimiste, calme   _____

5. calme, sportif, réservé   _____

Disjunctive pronouns

03-15 Son boulot. The following sentences tell about people's preferences and aptitudes. Insert disjunctive pronouns for emphasis.

Modèle: Tinh, _____*lui*_____, est homme d'affaires.

1. Amy, _____, a une formation en sciences.

2. Noah, _____, aime les ordinateurs.

3. Sébastien et Noah, _____, veulent des postes intéressants.

4. _____, je voudrais enseigner dans un studio.

5. Aminata et Dahlila, _____, parlent deux langues chacune.

6. _____, tu préfères un travail de bureau ou de laboratoire?

Travail d'ensemble

03-16 Questions pour mon interview. Imagine that you are a reporter and are about to interview a fellow student about his or her preferences for future jobs. Ask four questions orally about the kind of job he or she prefers, what he or she knows how to do, and where he or she would like to live.

Pour aller plus loin

Les réseaux sociaux, c'est quoi?

03-17 **Le bon choix.** Social networks are used by many people both here and in France. They have certain benefits and also pose some dangers. Read the following statements that sum up the article **Les réseaux sociaux, c'est quoi?** and select all of the answers that correctly complete each one.

1. Quand on utilise un réseau social, on
   a. invite des amis à rejoindre le réseau.
   b. met des informations personnelles sur un profil.
   c. achète des ordinateurs sur Internet.

2. On s'inscrit sur un réseau pour
   a. créer une réputation virtuelle.
   b. faire de nouveaux contacts.
   c. chercher des anciens amis.

3. Il y a des dangers quand on s'inscrit sur un réseau social,
   a. on peut rencontrer des voleurs d'identités.
   b. il y a des anciens amis sur Internet.
   c. les réputations virtuelles sont problématiques.

03-18 **Ecoutez bien.** Listen to the recording based on the passage **Les réseaux sociaux, c'est quoi?** and fill in the missing words.

On emploie les réseaux 1. _____ pour communiquer avec ses amis, rencontrer de

2. _____ personnes ou créer un réseau 3. _____.

On s'inscrit sur un réseau par curiosité. On cherche d' 4. _____ connaissances et on

veut faire de 5. _____ contacts. En plus, les réseaux sociaux permettent de créer une

réputation 6. _____.

Pour bien communiquer: Pour parler d'ordinateur

03-19 **Qu'est-ce que c'est?** Label the three items in the following drawing, using the French word with its article (**le, la, l'**).

1. _____

2. _____

3. _____

03-20 Avec un ordinateur. Listen as Chloë describes what she typically does on her computer. Choose the appropriate words, according to her description. Note that the following paragraph is not word for word what Chloë says.

Moi, j'ai 1. [a. un ordi portable b. un iPod] que j'aime beaucoup. Je l'utilise tout le temps parce que 2. [a. j'aime écouter de la musique b. j'aime contacter mes amis] et je 3. [a. fais des recherches b. regarde des films] sur Internet. J'ai 4. [a. un écran b. une imprimante] pour imprimer les pages que j'aime. J'ai aussi une clef pour 5. [a. sauvegarder b. imprimer] mes pages et mes images. Dans mon ordi portable il y a 6. [a. un lecteur b. un graveur] DVD pour sauvegarder les fichiers que j'aime.

J'ai 7. [a. un compte b. une photo] sur un réseau social que j'emploie pour communiquer avec les gens que j'aime. Et bien sûr j'utilise mon portable pour envoyer et recevoir 8. [a. des mails b. des images].

Pour bien communiquer: Les nombres de plus de 100

03-21 C'est beaucoup! Listen to the following sentences containing numbers over 100. Write the numbers down in digits.

1. L'ordinateur d'Amy coûte _____ dollars.

2. La voiture de Sébastien coûte _____ euros. C'est une petite voiture économique.

3. Il y a _____ minutes dans 24 heures.

4. Aujourd'hui, le nombre de Français en métropole est environ _____.

5. Le nombre d'étudiants en français aux Etats-Unis: environ _____.

Un profil personnel

03-22 Qui est Claude Pignon? Listen to the recording of the social network profile of Claude Pignon. Then select the answer that best completes each sentence.

1. Claude Pignon aime [a. la communication   b. les sports].

2. Elle aime aussi [a. regarder la télévision   b. aider les gens].

3. Elle a une formation [a. d'informaticienne   b. de médecin].

4. Aujourd'hui elle travaille dans le domaine [a. de la santé   b. de l'éducation].

5. Elle est aujourd'hui [a. professeur   b. maître reiki].

6. Elle travaille aussi [a. avec des enfants   b. avec des personnes âgées].

03-23 **Les compétences de Claude.** Complete the sentences to describe Claude's talents, skills, and aspirations.

1. Claude aime

_____.

2. Elle sait

_____.

3. Elle peut

_____.

4. Elle voudrait

_____.

Comment dire?

The verbs *savoir* and *connaître*

03-24 **Savoir ou connaître?** Complete the sentences with the correct form of **savoir** or **connaître**, according to the context.

1. Oh, oui. Je _____ parler français.

2. Vous ne _____ pas cet individu? C'est Sébastien Proulx.

3. Est-ce que vous _____ qu'il habite à Montréal?

4. Claude Pignon _____ travailler avec les personnes âgées.

5. Tu _____ cette chanson, n'est-ce pas? Elle est très belle.

6. Chloë et Aminata _____ bien Paris. Elles habitent dans cette ville.

03-25 **Questions et réponses.** Listen to the questions, then select the appropriate answer from the options below.

1. _____

2. _____

3. _____

4. _____

5. _____

6. _____

a. Oh, oui, c'est facile, mais il faut mettre du papier d'abord.

b. Non, je ne connais pas cet individu.

c. Non, je ne sais pas parler ces langues.

d. Oui. Je crois que c'est près de la rue de l'Eglise.

e. C'est une belle chanson, mais je ne connais pas son nom.

f. Moi je sais la réponse!

The verbs *vouloir* and *pouvoir;* and the infinitive construction

03-26 **Mes qualifications.** Complete the following sentences with the appropriate form of the verbs **vouloir** and **pouvoir.**

1. Sébastien _____ (vouloir) travailler dans une compagnie de publicité.

2. Je _____ (vouloir) impressionner le superviseur.

3. Vous _____ (vouloir) un projet qui donne la possibilité de s'exprimer?

4. Aminata, tu _____ (pouvoir) me dire ce qu'il faut faire?

5. Nous _____ (pouvoir) travailler avec vous sur ce projet!

6. Dahlila et Aminata, elles _____ (pouvoir) travailler avec des ordinateurs.

03-27 **Ce que je veux faire, ce que je peux faire.** Use the following phrases to describe what you know how to do or what you are able to do. If you aren't able to do one of these things, use the negative.

Modèle: Synthétiser l'information pour la compagnie
Moi, je sais synthétiser l'information pour la compagnie. **ou**
Moi, je ne sais pas synthétiser l'information pour la compagnie.

1. Prendre des décisions rapidement

_____

2. Utiliser plusieurs logiciels

_____

3. Travailler en équipe

_____

4. Faire des recherches pour la compagnie

_____

5. Analyser des rapports financiers

_____

6. Parler plusieurs langues

_____

Indefinite adjectives

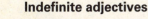

03-28 **Qu'est-ce qu'il dit?** Listen to the audio passages and complete the sentences below with the words you hear.

1. Je suis très occupé aujourd'hui. J'ai _____ cours pendant la journée.

2. Tu vas _____ part? Je viens avec toi.

3. Oh, oui, j'ai _____ amis sur mon réseau social. Je suis très populaire.

4. J'ai encore _____ heures de travail.

5. J'ai _____ frères et sœurs. Ma famille est grande.

6. Appelle-moi si tu as besoin de _____ chose.

03-29 **Je ne sais pas.** Fill in the missing words with the appropriate form of **plusieurs** or **quelques (quelque).**

1. Il me reste _____ euros. Ce n'est pas assez pour aller au restaurant. Tu veux aller au café?

2. Tu cherches _____ chose?

3. J'aime cette chanteuse. J'ai _____ chansons d'elle.

4. Ce cours est difficile. Il y a _____ concepts à comprendre.

5. Je ne sais pas où je vais. Je vais _____ part.

Travail d'ensemble

03-30 **Ce que je sais faire.** Assess your talents and skills: write down a few things you can do and others that you don't know how to do.

_____

_____

_____

_____

A la découverte

Petit tour d'horizon

03-31 **Ce qui motive les jeunes.** Review the graphs (p. 88) in your textbook and complete the following sentences using the list of words and phrases provided.

rester en contact	essentiels	majorité	la radio
amour	chercher des informations	Internet	la télévision santé

La 1. _____ et l' 2. _____ sont

importants dans la vie des 15–30 ans.

Un travail stable, la réussite sociale et le temps libre ne sont pas 3. _____ pour

les 15–30 ans.

Une majorité des 15–30 ans utilisent 4. _____ tous les jours.

La majorité des 15–30 ans utilisent Internet pour 5. _____ et

6. _____.

Les 15–30 ans n'utilisent presque jamais Internet pour écouter 7.

_____ ou regarder 8. _____.

03-32 **Les domaines de la vie.** Indicate to which area of life each of these criteria belong.

1. Rester en bonne santé: Domaine de la vie...
   a. personnelle   b. professionnelle   c. familiale   d. sociale

2. Etre heureux en mariage: Domaine de la vie...
   a. personnelle   b. professionnelle   c. familiale   d. sociale

3. Avoir un travail intéressant: Domaine de la vie...
   a. personnelle   b. professionnelle   c. familiale   d. sociale

4. Etre bon parent: Domaine de la vie...
   a. personnelle   b. professionnelle   c. familiale   d. sociale

5. Connaître la réussite et la reconnaissance sociale: Domaine de la vie...
   a. personnelle   b. professionnelle   c. familiale   d. sociale

6. Avoir un travail stable: Domaine de la vie...
   a. personnelle   b. professionnelle   c. familiale   d. sociale

03-33 Ludo et ses copains MSN. Review the comics page (p. 89) in your textbook and choose the answer that best completes each sentence.

1. Ludo est en train de...
   a. dormir à son bureau.
   b. manger un sandwich.
   c. télécharger un fichier (*file*).

2. Ludo est frustré parce que...
   a. sa mère l'interrompt.
   b. sa connexion Internet est trop lente.
   c. ses amis ne répondent pas à ses messages.

3. Les amis de Ludo l'appellent "bouffon" parce que...
   a. Ludo est amusant.
   b. Ludo est en colère.
   c. Ludo ne comprend pas la question et sa réponse amuse ses amis.

03-34 Conseils à Ludo. Which of the following pieces of advice would you give Ludo? Explain why.

1. Tu peux changer d'amis.

2. Tu peux faire tes devoirs sans l'aide de notes téléchargeables.

3. Tu dois augmenter et accélérer ton débit Internet.

Pourquoi proposez-vous cette solution à Ludo?

_____

_____

_____

_____

Point d'intérêt

03-35 La génération Y et ses caractéristiques. Review **La Génération Y, le nouveau challenge pour les entreprises** (p. 90) in your textbook and indicate whether the following statements are true (*Vrai*) or false (*Faux*).

1. Les Gen. Whyers ne sont pas une force de changement dans les entreprises. V F

2. Les Gen. Whyers sont des gens nés après les années 1970. V F

3. Les Gen. Whyers n'aiment pas le multitâche. V F

4. Les Gen. Whyers ont étudié à l'étranger et sont polyglotes. V F

5. Les Gen. Whyers représentent un challenge pour les employeurs. V F

03-36 Un portrait des Gen. Whyers. What can they do, what do they want to do, what do they know? Choose the correct verb form to complete each sentence. For help, consult **La Génération Y, le nouveau challenge pour les entreprises** (p. 90) and **Comment dire** on **pouvoir** and **vouloir** (p. 84), and **savoir** and **connaître** (p. 82) in your textbook.

1. Ils (connaissent / savent) bien les nouvelles technologies.

2. Ils (peuvent / veulent) faire plusieurs tâches à la fois.

3. Ils (connaissent / savent) parler plusieurs langues.

4. Ils ne (connaissent / savent) pas respecter les conventions.

5. Ils (peuvent / veulent) un environnement agréable au travail.

6. Ils (connaissent / savent) des gens aux quatre coins du monde.

7. Ils (peuvent / veulent) un emploi avec des perspectives d'évolution.

8. Ils (peuvent / veulent) des horaires flexibles.

03-37 **La Gen M2 et son usage d'Internet.** Read the following passage and select all of the purposes for which young people use the Internet as indicated in the reading.

Comment les 8–18 ans utilisent-ils Internet? Quel rôle ce média joue-t-il dans leur vie quotidienne? Pour répondre à ces questions, nous examinons la relation des jeunes à Internet dans les différentes facettes de leur vie quotidienne (*daily life*): les amis, la famille, l'école.

Les jeunes, leurs amis et Internet

Internet tient (*holds*) une place de plus en plus importante dans la vie sociale des jeunes. Le chat, l'e-mail ou le SMS ont aujourd'hui un rôle aussi important que le téléphone dans leur relation avec leurs amis.

Utilisent-ils Internet pour se faire (*make*) de nouveaux amis? Non, pas vraiment. Ils utilisent Internet pour consolider une amitié ou la faire vivre au jour le jour en se fixant rendez-vous ou en échangeant de nombreux fichiers (*files*) (musique, films, etc.). Ils utilisent aussi Internet pour rester en contact avec des amis éloignés (*far away*) (rencontrés en vacances, dans leurs anciennes écoles ou de leur ancien quartier dans le cas où leur famille a déménagé (*moved*). Les jeunes utilisent également Internet comme un outil (*tool*) de travail collaboratif pour faire des activités de groupe.

Les jeunes, leurs parents et Internet

Internet a aussi un rôle dans les relations familiales. Les jeunes savent souvent mieux utiliser Internet que leurs parents. De ce fait, on assiste à un renversement des rôles (*role reversal*) où les jeunes enseignent (*teach*) et les parents apprennent (*learn*).

Les parents ont souvent de nombreuses peurs (*fears*) vis-à-vis d'Internet pour leurs enfants et limitent son usage (jeux en réseau, messagerie instantanée, etc.) tout en essayant de ne pas décourager son usage bénéfique (accès aux encyclopédies en ligne, etc.). Internet est donc bien souvent un sujet de conflit entre les jeunes et leurs parents.

Les jeunes, l'école et Internet

Chez les jeunes, Internet a remplacé les dictionnaires, les encyclopédies et la bibliothèque. Chez leurs parents aussi qui voient dans Internet un outil pour apprendre. Les pouvoirs publics (*the governement*) encouragent les écoles à se connecter. Internet est un outil très utilisé par les jeunes pour faire des recherches pour leurs travaux d'école. Une étude menée en 2008 rapporte que 82% des 11–16 ans utilisent Internet pour s'aider dans leurs devoirs.

On peut espèrer que les jeunes vont apprendre (*are going to learn*) à travers cet usage scolaire d'Internet à s'interroger sur la qualité et la véracité (*reliability*) des informations qu'ils accèdent.

Internet joue donc un rôle majeur chez les jeunes dans leurs relations avec leurs amis et leur famille.

La Génération M2 utilise Internet pour...

_____ 1. regarder des films

_____ 2. faire des devoirs

_____ 3. rester en contact avec des amis proches ou éloignés

_____ 4. jouer en réseau

_____ 5. écouter de la musique

_____ 6. télécharger des fichiers

_____ 7. organiser des activités de groupe

_____ 8. prendre rendez-vous avec des amis

03-38 **Internet, les faits à considérer.** Read the passage in activity 03-37 again, and indicate whether the following statements are true (*Vrai*) or false (*Faux*).

1. Pour la Gen. M2, les outils de conversation sur Internet sond aussi importands que le téléphone pour rester en contact avec ses amis. V F

2. Pour la Gen. M2, Internet est utilisé pour se faire de nouveaux amis. V F

3. Pour la Gen. M2, Internet remplace la bibliothèque. V F

4. Pour la Gen. M2, Internet n'est pas une source de tensions avec les parents. V F

5. Pour les parents et professeurs de la Gen. M2, Internet n'est pas un outil pour apprendre. V F

6. Les parents et professeurs espèrent que la Gen. M2 apprend à reconnaître les informations vraies des fausses sur Internet. V F

03-39 **Les nouvelles technologies et leurs utilisations.** Listen to the passages and read along, then indicate whether each of the following statements concerns Annick, Tiana, or both.

Annick et son usage des nouvelles technologies. Je suis aujourd'hui à la retraite, mais avant j'étais secrétaire. J'utilise l'ordinateur depuis plus de 20 ans et Internet depuis l'accès facile et la mise en place des connexions illimitées, donc depuis une dizaine d'années. Utiliser l'ordinateur à la maison est une suite logique pour quelqu'un qui l'utilisait (*used*) dans sa vie professionnelle; quant à Internet, mon fils m'a montré (*showed me*) comment l'utiliser. Dans la vie quotidienne, les outils informatiques que j'utilise le plus sont Excel, pour faire la comptabilité domestique (banque, impôts), Word pour écrire des lettres, les logiciels de photos pour faire des retouches et organiser mes photos dans des albums, l'e-mail pour des échanges faciles et rapides; les outils de conversation par web-cam ou autre type d'échange (Messenger, Skype) pour parler avec mes enfants et petits-enfants. Il y a bien sûr des inconvénients, les bogues (*bugs*), les pannes, les virus, mais je ne peux pas me passer des mes outils informatiques.

Tiana et son utilisation d'Internet. La majorité des internautes à Madagascar sont des sociétés et entreprises publiques ou privées, mais il y a de plus en plus de particuliers qui s'abonnent (*subscribe*). Dans l'ensemble, l'accès à Internet est difficile et le prix de la connexion est cher. Internet est encore un produit de luxe dans mon pays. Moi, je fréquente les cybercafés qui donnent accès à Internet pour pas cher et ils sont très nombreux à Antananarive. Dans les cybercafés, j'utilise le SMS, le chat ou l'e-mail pour me mettre en contact avec mes amis, j'ai aussi un blog personnel et chaque fois que je suis dans un cybercafé, je le mets à jour. Mes parents me promettent que nous allons bientôt avoir accès à Internet à la maison.

1. Je suis retraitée.
   a. Annick   b. Tiana   c. Annick et Tiana

2. J'utilise le chat ou l'e-mail.
   a. Annick   b. Tiana   c. Annick et Tiana

3. J'utilise beaucoup d'outils informatiques dans la vie de tous les jours.
   a. Annick   b. Tiana   c. Annick et Tiana

4. L'accès Internet est limité pour les particuliers parce que c'est cher.
   a. Annick   b. Tiana   c. Annick et Tiana

5. J'utilise l'ordinateur depuis longtemps.
   a. Annick   b. Tiana   c. Annick et Tiana

6. Je n'ai pas de connexion Internet à la maison.
   a. Annick   b. Tiana   c. Annick et Tiana

7. Sans les outils informatiques, je ne peux pas vivre.
   a. Annick   b. Tiana   c. Annick et Tiana

8. Je fréquente les cybercafés.
   a. Annick   b. Tiana   c. Annick et Tiana

9. J'ai mon propre blog.
   a. Annick   b. Tiana   c. Annick et Tiana

10. Il y certainement des problèmes avec l'informatique, mais ce n'est pas grave.
    a. Annick   b. Tiana   c. Annick et Tiana

03-40 **Les outils informatiques utilisés par Annick.** Match each tool used by Annick with the purpose for which she uses it.

1. Excel _____   a. pour parler avec les membres de ma famille

2. Word _____   b. pour écrire des documents divers comme des lettres

3. Logiciel de photo _____   c. pour faire les comptes de la famille

4. E-mail _____   d. pour retoucher mes photos numériques

5. Skype ou Messenger _____   e. pour échanger des messages facilement et rapidement

Travail d'ensemble

03-41 **Et vous?** In 1–2 minutes, describe orally the technology tools you use on a regular basis and what you use them for.

A votre tour

Zoom sur…

03-42 **Les Internautes, les réseaux et leurs usages.** In a recent survey, employers and job seekers explain how they use social networks. Based on the information provided, indicate what social networks can (**pouvoir**) do for an employer and a job seeker.

- 78% des employeurs utilisent les réseaux sociaux pour accroître la visibilité de l'entreprise en ligne
- 39% des employeurs utilisent les réseaux sociaux pour trouver de nouvelles entreprises
- 39% des employeurs utilisent les réseaux sociaux pour trouver de nouvelles entreprises partenaires
- 22% des employeurs utilisent les réseaux sociaux pour chercher de nouveaux clients
- 53% des chercheurs d'emploi utilisent les réseaux sociaux pour trouver un travail ou un stage

1. Un employeur: Avec les réseaux sociaux je

_____

_____

2. Un chercheur d'emploi: Avec les réseaux sociaux je

_____

_____

03-43 **Une classification des « amis » sur Facebook.** Read what Stéphane thinks of Facebook "friends," then select the correct answer to each of the questions below.

Type « Nos vrais potes (*pals*) »

C'est le type d'amis avec qui on prend une bière, va au resto ou on invite à souper. Ce genre de pote requiert (*requires*) un contact autre que par un « poke » sur Facebook comme par exemple, un coup de téléphone ou un message MSN.

Type « Contact professionnel »

Ce type d'« ami » n'est pas un ami en soi (*per se*), mais un bon contact professionnel avec qui on veut garder un lien (*keep in touch*). Pas de souper ni trop de familiarité, peu ou pas de contacts directs par Facebook. Principalement des e-mails et des téléphones sur les heures normales de bureau.

Type « Club des ex »

C'est le type ancien collègue, ancien camarade de classe ou ancien coéquipier de foot. On lui écrit pour prendre de ses nouvelles? —« Hey, quoi de neuf (*what's up*) depuis 20 ans? »—« Ha, pas grand-chose (*nothing much*), la routine quoi! »

Ouais, ok…

Type « Random dude »

C'est le type le plus commun. Celui qu'on ajoute à notre liste d'amis, mais dont on n'a aucune idée pourquoi. La fameuse raison « Je n'connais même pas cette personne ». Mais bon, ça fait bien paraître (*it makes you look good*), on a un tas (*pile*) d'« amis » dans notre profil. C'est qu'on a pas envie d'être le loser qui n'a que 20 amis…

©Stéphane Guérin

1. A quelle(s) catégorie(s) appartiennent les personnes que Stéphane connaît très bien?
   a. vrais potes   b. contact professionnel   c. club des ex   d. random dude

2. A quelle(s) catégorie(s) appartiennent les personnes dans le passé (*past*) de Stéphane?
   a. vrais potes   b. contact professionnel   c. club des ex   d. random dude

3. A quelle(s) catégorie(s) appartiennent les personnes que Stéphane ne connaît pas personnellement?
   a. vrais potes   b. contact professionnel   c. club des ex   d. random dude

4. A quelle(s) catégorie(s) appartiennent les personnes que Stéphane connaît par le travail?
   a. vrais potes   b. contact professionnel   c. club des ex   d. random dude

5. Quelle(s) catégorie(s) d'amis Stéphane peut-il inviter à souper?
   a. vrais potes   b. contact professionnel   c. club des ex   d. random dude

6. Quelle(s) catégorie(s) d'amis Stéphane peut-il appeler au téléphone uniquement pendant les heures de bureau?
   a. vrais potes   b. contact professionnel   c. club des ex   d. random dude

7. Quelle(s) catégorie(s) d'amis sont les plus nombreux sur Facebook?
   a. vrais potes   b. contact professionnel   c. club des ex   d. random dude

8. Stéphane sait que c'est important d'avoir beaucoup d'amis sur Facebook, parce que c'est…
   a. bon pour son ego   b. primordial professionnellement   c. essentiel socialement

Entrevue avec Yassir El Ouarzadi

03-44 **Yassir et son réseau social.** Review **Entrevue avec yassir El Ouarzadi** (p. 96) in your textbook and complete the paragraph below using the list of words and phrases provided.

membre actif	Internet	dix-sept ans	gens
réseau communautaire		partager	

Yassir El Ouarzadi est un jeune homme de 1. _____. Il est un 2. _____ de TIG un

3. _____ qui permet d'être en contact avec beaucoup de 4. _____.

Il veut sensibiliser les gens aux problèmes du monde. Il a lancé un projet d'éducation qui utilise

5. _____ pour aider les gens à 6. _____ leurs idées.

03-45 **Yassir et ses objectifs.** Review **Entrevue avec yassir El Ouarzadi** (p. 96) in your textbook. In his interview, Yassir discusses what he wants to do. List three things in French that Yassir says he wants (**veut**) to accomplish.

1. _____

2. _____

3. _____

Intégration

03-46 **Réseau social expliqué en image.** Indicate under which of the seven functionalities you would find each of the following.

1. Votre lieu de résidence, votre situation de famille: _____

2. Les messages laissés par vos amis: _____

3. Les outils pour entrer ou rester en contact avec vos amis: _____

4. L'outil pour rappeler à vos amis que vous existez: _____

5. Le regroupement des personnes qui partagent les mêmes intérêts que vous: _____

6. Vos connaissances: _____

A. **Identité:** Pays, intérêts, situation familiale, ville

B. **Poke me:** Vos amis vous oublient? Cliquez sur 'Envoyer un poke' pour leur dire que vous pensez à eux et qu'ils peuvent faire la même chose

C. **Les amis:** Liste des amis et des amis en commun avec la personne qui visite le profil

D. **Les photos:** Vos photos et les photos de vos amis

E. **Le mur:** On peut y poster commentaires et vidéos

F. **Les applications:** Il y en a des centaines, les unes plus utiles que les autres

G. **Les groupes d'intérêt:** Vous pouvez adhérer à un réseau qui vous intéresse, le réseau de votre quartier, de votre immeuble, de votre école, de votre entreprise, etc.

03-47 **S'inscrire.** Facebook is the most popular social network in France, at least among those sixteen and older. Visit the link to Facebook's registration page and determine whether Facebook requires each of these pieces of information by selecting yes (*Oui*) or no (*Non*).

1. Nom et prénom   Oui   Non

2. Pseudo   Oui   Non

3. Date de naissance   Oui   Non

4. Adresse e-mail   Oui   Non

5. Mot de passe   Oui   Non

6. École ou autre statut   Oui   Non

7. Sexe   Oui   Non

8. Téléphone fixe   Oui   Non

9. Portable   Oui   Non

10. Langue utilisée   Oui   Non

4 Aujourd'hui bureau, demain rando

Pour commencer

Vidéo: Alexis se prépare pour la journée

04-01 Se préparer. Alexis tells about the steps he takes to get ready. Watch the video segment and select all the items you hear.

_____ 1. Je vais finir de m'habiller.

_____ 2. Je vais me raser et me brosser les dents.

_____ 3. ... mettre mes chaussettes, mon pull...

_____ 4. ... téléphoner à Clémence...

_____ 5. Et pour le petit déjeuner, un café.

_____ 6. Et pour le petit déjeuner, je vais aller au café pour finir de me réveiller.

04-02 Ecrivez les mots. What exactly does Alexis say about the steps he takes to get ready? Watch the video clip once more and complete the sentences with the missing words.

1. Je vais... mettre mes chaussettes, mon pull, mes _____.

2. Et pour le petit déjeuner, un café pour finir de _____.

3. Oh là, je vais _____, moi.

4. Et je cours _____.

Pour bien communiquer: La routine

04-03 **Ils se préparent.** Patrick and Sophie are getting ready for the day. Look at the pictures and complete the sentences.

1.

D'habitude Patrick _____ à six heures.

2.

Il n'aime pas se réveiller, alors, il

se frotte _____.

3.

Il _____ pendant quelques minutes.

4.

Sophie est toujours très fatiguée le matin. Elle

se réveille à _____.

5.

Elle _____ pour être confortable
pendant la journée.

6.

Elle _____ avant de partir.

04-04 **Je me lève le matin.** Listen to the recording about Pierre's routine, and select all the items below that are part of his routine. Note that the description may not say the written words exactly.

_____ 1. Je me lève à 7h.

_____ 2. Je me frotte les yeux.

_____ 3. Je m'étire.

_____ 4. Je me douche tous les matins.

_____ 5. Ensuite je me brosse les dents.

_____ 6. Je prends un café avant de sortir.

04-05 **Mon train-train quotidien.** Think about your own daily routine. Using the vocabulary and expressions in **Pour bien communiquer: La routine,** give 4–5 sentences orally, describing the things you typically do in the morning.

Voix francophones au présent: Travail et routine

04-06 **La routine de Sébastien.** Listen once more to the radio broadcast **Voix francophones au présent: Travail et routine** where Dahlila and Pierre discuss Sébastien's routine. Then, fill in the missing words in the conversation.

PIERRE: Et comment est cette routine?

SÉBASTIEN: Pas trop mauvaise. Je 1. _____ assez tôt. Je prends mon petit déjeuner

au café du coin. Ensuite je prends le métro. Ma journée 2. _____

à trois heures. Je lis et j'ai 3. _____ après ça.

DAHLILA: Et pendant le week-end?

SÉBASTIEN: Je 4. _____ un peu. Je fais du sport ou je vais

5. _____.

DAHLILA: C'est une vie assez 6. _____.

SÉBASTIEN: Oui, assez. C'est un grand contraste avec ma vie professionnelle à Montréal.

04-07 **Résumé de l'émission.** Write three sentences in French that describe the gist of the interview with Sébastien.

_____

_____

_____

_____

Le travail et les congés

04-08 **Les congés.** Do you know the names of official French paid holidays? Match each date with the name of the holiday.

1. la fête du Travail _____   a. le 25 décembre

2. la fête nationale _____   b. le 11 novembre

3. le jour de l'An _____   c. le 14 juillet

4. l'Armistice _____   d. le 1er mai

5. Noël _____   e. le 1er janvier

Pour bien prononcer: The letters *ou* and *u*

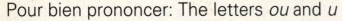 **04-09** **Les lettres *u* et *ou*.** Listen to the following sentences and indicate whether you hear the sound **u** (U) or **ou** (OU) in each.

1. U   OU

2. U   OU

3. U   OU

4. U   OU

5. U   OU

6. U   OU

04-10 **Pour bien prononcer.** Read the following sentences and indicate whether you would pronounce the sounds **u** (U) or **ou** (OU) in each.

1. Je me douche le matin.   U   OU

2. Je me brosse toujours les dents le matin et le soir.   U   OU

3. Je me couche à dix heures.   U   OU

4. Je m'occupe des enfants le matin.   U   OU

5. Je m'amuse pendant le week-end.   U   OU

Comment dire?

Pronominal verbs

04-11 **Phrases à faire.** Each of these people has a different daily routine. Complete the sentences describing their routines by providing the correct form of the verbs in the present tense or in the imperative when indicated.

Modèle: Alexis *s'énerve* (s'énerver) quand il est en retard.

1. Sophie _____ (se dépêcher) souvent le matin.

2. Vous _____ (s'habiller) pour aller à la fac.

3. Patrick et Sophie _____ (se brosser) les dents le matin et le soir.

4. Je _____ (se préparer) pour la journée.

5. Tu _____ (se coiffer) tout le temps!

6. Pierre _____ (s'occuper) des enfants le matin.

7. _____ (se lever, imperative), tu vas être en retard!

8. _____ (se brosser, imperative) les dents! C'est important!

04-12 **Ma routine quotidienne.** Listen to Chloë as she describes what she does to prepare for the day. Fill in the missing words in her description.

Je suis toujours en retard. Je 1. _____ à six heures du matin, mais j'ai beaucoup de

choses à faire pour 2. _____ pour la journée. Je 3. _____, bien

sûr, et je me brosse les dents tous les matins. Mais je passe beaucoup de temps à me coiffer. Je

4. _____ les cheveux, je 5. _____, je mets toutes sortes de

produits, mais je ne suis jamais contente du résultat. Par conséquent je 6. _____

toujours le matin parce que je suis en retard.

The verb *aller* and the immediate future

04-13 **Changement de plans.** People have good intentions, but often change their minds about what they are going to do. Complete the second sentence in each pair with the immediate future form of the verb in the first statement.

1. Chloë va au cinéma avec ses amis ce soir. Non, Chloë _____ au cinéma avec ses amis demain soir.

2. Sébastien et moi, nous passons ce week-end chez ses parents. Non, Sébastien et moi, nous

   _____ le week-end prochain (*next*) chez ses parents.

3. Vous voyagez en France cette année. Non, vous _____ en France l'année prochaine.

4. Moi, je termine mes études ce semestre. Non, moi, je _____ mes études le semestre prochain.

5. Tu ne travailles pas ce week-end. Non, tu ne _____ le week-end prochain.

6. Amy choisit une spécialisation en sciences. Non, Amy _____ une spécialisation en médecine.

04-14 **A vous.** Listen to the following questions about your habits, plans, and goals. Write out your answers in complete sentences.

1. _____

2. _____

3. _____

4. _____

5. _____

Information questions and inversion

04-15 **Quelle est la question?** Read each of the following answers, then match it with the question that would logically have been asked to elicit it.

_____ 1. J'ai des devoirs à faire.

_____ 2. Avec des gens sympathiques.

_____ 3. Il faut 20 minutes en bus.

_____ 4. J'ai quatre cours.

_____ 5. Nous allons souvent au café.

_____ 6. A trois heures.

a. Combien de temps est-ce qu'il faut pour arriver à la fac?

b. Avec qui est-ce que tu travailles?

c. Où est-ce que tu vas après le travail?

d. Pourquoi est-ce que tu travailles ce week-end?

e. A quelle heure commence le cours?

f. Combien de cours est-ce que tu as ce semestre?

04-16 **Une interview.** You have been asked to interview the new president of a local company who is from France. This is an opportunity to ask him/her about working and living conditions in France as compared to the U.S. Prepare for your interview by writing down five questions you will ask. Be sure to use different interrogative expressions in each question.

à quelle heure	*at what time*	**pourquoi**	*why*
combien de (d')	*how much, how many*	**quand**	*when*
comment	*how*	**que (qu')**	*what*
où	*where*	**qui**	*who*
pour (avec) qui	*for (with) whom*		

1. _____

2. _____

3. _____

4. _____

5. _____

Travail d'ensemble

04-17 **Moi et ma routine.** Introduce yourself briefly, then tell about your daily routine. In your introduction, say your name, where you are from, and what your major is. When describing your routine, say when you get up, what you do to prepare for the day, and when you leave the house.

Pour aller plus loin

Pour bien communiquer: Dire l'heure

04-18 L'heure. What time is it? Look at the following pictures and choose the correct time.

1. Il est:
   a. six heures et demie
   b. sept heures et demie
   c. sept heures et quart.

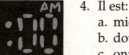

2. J'ai un cours à:
   a. dix heures et quart
   b. dix heures moins le quart
   c. neuf heures moins le quart.

3. La conférence commence à:
   a. onze heures du soir
   b. onze heures du matin
   c. onze heures moins dix.

4. Il est:
   a. midi
   b. douze heures
   c. onze heures.

5. Ce concert commence à:
   a. une heure et quart
   b. deux heures moins le quart
   c. deux heures et quart.

6. J'ai un rendez-vous à:
   a. vingt heures
   b. quatre heures et quart
   c. quatre heures vingt.

04-19 L'emploi du temps d'Aminata. Select the correct answer to complete each statement, according to the audio passages.

1. Aminata Dembelé se réveille exactement à [a. sept heures moins le quart   b. sept heures et quart].

2. Elle se prépare le petit déjeuner à [a. sept heures et quart   b. sept heures et demie].

3. Après trente minutes de voiture, elle arrive au bureau à [a. neuf heures dix   b. neuf heures moins dix].

4. Elle quitte le travail vers [a. dix-huit heures   b. dix heures].

5. A [a. vingt et une heures   b. vingt heures], Aminata commence sa soirée de détente.

6. Aminata se couche vers [a. vingt-trois heures   b. vingt-deux heures].

Jean-Charles Baldini, Ingénieur

04-20 La journée de Jean-Charles Baldini. Listen to the recording of Jean-Charles Baldini's schedule, then select all the items from the list below that he mentions.

_____ 1. dicter du courrier

_____ 2. préparer le petit déjeuner

_____ 3. faire du sport

_____ 4. préparer des cours

_____ 5. travailler sur les projets de construction

_____ 6. baigner les enfants

_____ 7. préparer des interventions médicales

_____ 8. lire ou regarder la télévision

04-21 **Ma journée.** Look at the following daily schedule, then write six sentences describing Jean-Charles Baldini's daily routine.

6h00	préparer le petit déjeuner pour la famille	8h30	commencer le travail
18h	quitter le travail	19h	baigner les enfants
20h30	télé	23h30	se coucher

1. _____

2. _____

3. _____

4. _____

5. _____

6. _____

Où vont les Français en vacances?

04-22 **J'ai des questions.** Refer to the chart of vacation preferences to answer the following questions. Answer briefly, giving only the numeric percentages.

Quelle forme de séjour avez-vous choisi?

- Dans la famille ou chez des amis
- En camping
- En location°, hors° club de vacances
- En résidence secondaire
- A l'hôtel
- Autre
- En club de vacances

En location *at a rental*; hors *other than*

1. Quel pourcentage des Français vont en vacances dans la famille ou chez des amis? _____%

2. Quel pourcentage des Français font du camping en vacances? _____%

3. Quel pourcentage vont à l'hôtel en vacances? _____%

4. Quel pourcentage des Français vont en vacances en club ou en village de vacances? _____%

Pour bien communiquer: Le temps qu'il fait

04-23 **Le temps qu'il fait.** Complete each sentence by selecting all of the logical answer choices that apply. There may be more than one answer in each case.

1. A Montréal, en hiver, [a. il pleut   b. il neige   c. il fait froid].

2. En automne à Paris, [a. il fait très beau   b. il neige   c. il fait froid].

3. A Chicago en été, [a. il neige   b. il fait chaud   c. il pleut].

4. Au printemps à Rome, [a. il fait beau   b. il neige   c. il pleut].

5. Souvent quand il pleut, [a. il fait froid   b. il fait beau   c. il y a des nuages].

04-24 **Décrivez la scène.** Look at each picture and match it with the appropriate description.

1. En été à Nice... _____

a. Il pleut souvent. La neige et la glace fondent. Il y a beaucoup de fleurs.

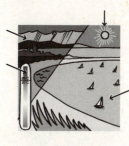

2. En automne... _____

b. Le ciel est souvent couvert. Il pleut et il y a du vent.

3. En hiver dans les Alpes... _____

c. Il fait beau et chaud. Les orages sont rares.

4. Au printemps... _____

d. Il y a du verglas sur les routes. Il fait froid et il neige dans les montagnes.

04-25 **La Météo.** The weather forecast provides you with a way to describe the day. Predict what the weather will be like in each of the following locations, based on the descriptions and the temperatures.

1. A Paris, pluie, 12°C

_____

2. A Québec, neige, 1°C

_____

3. A Chicago, orage, 22°C

_____

4. En Arizona, soleil, 40°C

_____

Comment dire?

The verb *faire*

04-26 **Ce qu'on fait.** Read each question or statement and complete it with the correct form of the verb **faire**.

1. Tu _____ des économies?

2. Vous _____ des affaires aux Etats-Unis.

3. Amy _____ des études en biologie.

4. Chloë _____ du tennis pendant le week-end.

5. Nous _____ des devoirs tous les jours.

6. Il _____ beau en Guadeloupe presque tout le temps.

04-27 J'aime faire. Rewrite the following sentences using an expression with **faire**.

Modèle: Nous sommes spécialistes en philosophie.
Nous *faisons des études* en philosophie.

1. Je joue au tennis avec Aminata tous les mercredis.

Je _____ avec Aminata tous les mercredis.

2. Tu prépares un bac en sciences?

Tu _____ en sciences?

3. Noah se promène avec Chloë.

Noah _____ avec Chloë.

4. Le temps est splendide à Paris en mai.

Il _____ à Paris en mai.

5. Vous mettez de l'argent de côté (*aside*)?

Vous _____?

04-28 A vous! Answer the questions you hear pertaining to your career goals.

1. _____

2. _____

3. _____

4. _____

5. _____

Prepositions with geographical nouns

04-29 Prépositions. Complete the following sentences with the appropriate prepositions.

1. Cet été, nous voyageons _____ Portugal. Nous allons _____ Lisbonne.

2. Nous allons _____ Europe, _____ Paris et _____ Londres.

3. Moi, je suis originaire _____ Rome. Je vais _____ Rome souvent.

4. Je vais souvent _____ Etats-Unis. Je suis _____ Chicago.

5. Aminata est _____ Sénégal. Elle voyage souvent _____ Dakar.

6. Dahlila est _____ Maroc. En hiver, elle voyage _____ Fès.

Comparisons

04-30 Comparaisons. Use the two expressions and the symbols of comparison to complete the following sentences. Be sure to follow the model carefully.

Modèle: Les vacances à la mer sont _____*aussi reposantes*_____ (= reposant) que
                 les vacances à la campagne.

1. Les vacances de l'année dernière sont _____ (− intéressant) que les vacances de cette année.

2. Nous organisons des vacances _____ (+ actif) que l'année précédente.

3. Ce séjour est _____ (− long) que l'année dernière.

4. Les promenades en France sont _____ (+ bon) que les promenades en Belgique.

5. Cette semaine de vacances est _____ (= aventureux) que la semaine dernière.

6. Ce séjour est _____ (+ mauvais) que le séjour en Italie.

04-31 Encore des comparaisons. Use the information below to make comparisons.

Modèle: J'ai 253 chansons sur mon iPod. Noah a 253 chansons sur son iPod.
                 Noah a *autant de chansons* sur son iPod que moi.

1. Noah a 3 jours de congés; Aminata a 3 jours de congés. Noah a _____ de congés qu'Aminata.

2. Nous avons 4 jours de vacances sur la plage; la famille Nguyen a 2 jours de vacances sur la plage. Nous

   avons _____ de vacances sur la plage que la famille Nguyen.

3. Jean-Charles Baldini a deux enfants; Annick a un enfant. Jean-Charles a _____ qu'Annick.

4. Noah Zébina a deux heures de temps libre par jour; Jean-Charles Baldini a trois heures de temps libre

   par jour. Noah Zébina a _____ de temps libre que Jean-Charles Baldini.

5. Je vais en voyage souvent; deux fois par an (*year*); Amy va en voyage une fois par an. Je vais en

   vacances _____ qu'Amy.

Travail d'ensemble

04-32 Mon voyage. Write an email of 4–5 sentences telling a friend about a trip you took recently. Tell him or her where you went, how long you stayed, and what the weather was like there.

_____

_____

_____

_____

_____

A la découverte

Petit tour d'horizon

04-33 **L'impact des 35 heures sur la vie personnelle des employés français.** Listen to each statement and select the category it belongs to.

1. a. la vie familiale   b. les loisirs   c. la consommation

2. a. la vie familiale   b. les loisirs   c. la consommation

3. a. la vie familiale   b. les loisirs   c. la consommation

4. a. la vie familiale   b. les loisirs   c. la consommation

5. a. la vie familiale   b. les loisirs   c. la consommation

6. a. la vie familiale   b. les loisirs   c. la consommation

04-34 **Effets positifs et négatifs des 35 heures.** Review the graphs **Les 35 heures: Qu'en disent les Français?** (p. 122) in your textbook and indicate whether the following statements about the impact of the 35-hour workweek are true (*Vrai*) or false (*Faux*).

1. Grâce aux 35 heures, l'atmosphère au travail est mauvaise.   V   F

2. Grâce aux 35 heures, la profitabilité des compagnies est bonne.   V   F

3. Grâce aux 35 heures, la création de nouveaux emplois est stimulée.   V   F

04-35 **Les 35 heures et la vie dans / de l'entreprise.** For each opinion you hear, select the appropriate category.

1. a. L'ambiance générale au travail   b. La rentabilité de l'entreprise   c. La création de nouveaux emplois

2. a. L'ambiance générale au travail   b. La rentabilité de l'entreprise   c. La création de nouveaux emplois

3. a. L'ambiance générale au travail   b. La rentabilité de l'entreprise   c. La création de nouveaux emplois

4. a. L'ambiance générale au travail   b. La rentabilité de l'entreprise   c. La création de nouveaux emplois

5. a. L'ambiance générale au travail   b. La rentabilité de l'entreprise   c. La création de nouveaux emplois

6. a. L'ambiance générale au travail   b. La rentabilité de l'entreprise   c. La création de nouveaux emplois

7. a. L'ambiance générale au travail   b. La rentabilité de l'entreprise   c. La création de nouveaux emplois

8. a. L'ambiance générale au travail   b. La rentabilité de l'entreprise   c. La création de nouveaux emplois

04-36 Plus de temps libre. Review the graph **L'impact des 35 heures** (p. 123) in your textbook then read the sentences and complete them by selecting the correct option among the choices given.

Pendant leur temps libre. . .

1. _____ Français préfèrent écouter de la musique que d'aller au cinéma.
   a. Autant de   b. Plus de   c. Moins de

2. _____ Français choisissent de faire du sport que de faire du bricolage.
   a. Autant de   b. Plus de   c. Moins de

3. _____ Français choisissent de faire la cuisine que de faire du jardinage.
   a. Autant de   b. Plus de   c. Moins de

4. _____ Français préfèrent aller au cinéma que de visiter des expositions.
   a. Autant de   b. Plus de   c. Moins de

5. _____ Français préfèrent faire du sport que de regarder la télé.
   a. Autant de   b. Plus de   c. Moins de

Point d'intérêt

04-37 Les vacances idéales. Pierre and Dahlila asked several of their guests what an ideal vacation would be like if money were no concern. Listen to what the selected guests say and indicate whether it is Sébastien, Chloë, Aminata, Françoise, or Didier who makes each statement.

1. Veut aller en Polynésie.
   a. Sébastien   b. Chloë   c. Aminata   d. Françoise   e. Didier

2. Veut aller en Asie.
   a. Sébastien   b. Chloë   c. Aminata   d. Françoise   e. Didier

3. Veut aller en Afrique de l'Est.
   a. Sébastien   b. Chloë   c. Aminata   d. Françoise   e. Didier

4. Veut rester en France.
   a. Sébastien   b. Chloë   c. Aminata   d. Françoise   e. Didier

5. Veut aller en Scandinavie.
   a. Sébastien   b. Chloë   c. Aminata   d. Françoise   e. Didier

04-38 **Les activités qu'ils veulent faire.** Indicate whether it is Sébastien, Chloë, Aminata, Françoise, or Didier who dreams of doing the following activities. More than one answer may be possible for each statement.

1. Veut prendre des photos d'animaux sauvages.
   a. Sébastien   b. Chloë   c. Aminata   d. Françoise   e. Didier

2. Veut pêcher des gros poissons de mer.
   a. Sébastien   b. Chloë   c. Aminata   d. Françoise   e. Didier

3. Veut déguster la cuisine locale.
   a. Sébastien   b. Chloë   c. Aminata   d. Françoise   e. Didier

4. Veut être dépaysé et se reposer.
   a. Sébastien   b. Chloë   c. Aminata   d. Françoise   e. Didier

5. Veut voir de beaux paysages.
   a. Sébastien   b. Chloë   c. Aminata   d. Françoise   e. Didier

04-39 **Un p'tit coucou de…** Read Anne-Laure's and Maïté's postcards below, then indicate whether Anne-Laure, Maïté, or both of them do each of the following things.

Coucou Noah,

Merci bien pour ta carte sympa. Je vois que tu t'amuses bien à Biarritz. Merci aussi pour ton invitation. J'adore le Sud-Ouest de la France, malheureusement, pas de vacances pour moi cet été, je travaille. Je pars dans quelques jours avec un groupe de lycéens en voyage d'études en Angleterre. C'est un séjour de trois semaines. Le matin, je vais leur enseigner l'anglais et l'après-midi, je vais les emmener visiter des villes, des monuments, ou faire des sports typiques comme le cricket. J'espère qu'il va faire beau, avec l'Angleterre ce n'est jamais cent pour cent certain, il peut faire un temps pourri (rotten) comme il peut faire un temps magnifique, je me prépare mentalement au pire (worse). Je vais peut-être partir à la mer plus tard, je vais voir si j'ai assez d'argent.

Allez A+ et gros bisous.

Anne-Laure

Coucou Chloë,

Merci bien pour ta carte. Porto Vecchio, chanceuse. Je suis tellement jalouse. Moi, je suis à Lyon chez mes parents. J'aide ma mère et mon père dans leur restaurant, pas tous les jours mais presque. C'est la saison touristique et le vieux Lyon est très populaire avec les touristes. Je me fais de bons pourboires. Avec cet argent, je vais pouvoir partir au ski dans les Alpes cet hiver. Ici, il fait beau, chaud dans la journée. Le soir, il fait des orages mais ils ne durent pas longtemps. Je pense bien à toi. Appelle-moi quand tu es sur le retour. Si tu veux t'arrêter à Lyon pour quelques jours avant de rentrer sur Paris, dis-le-moi. Je serai super contente et mes parents aussi. Ils me demandent toujours de tes nouvelles. Autrement, on se voit à Paris, avant la rentrée.

Gros bisous,

Maïté

1. travaille pendant l'été?
   a. Anne-Laure   b. Maïté   c. les deux

2. passe l'été en France?
   a. Anne-Laure   b. Maïté   c. les deux

3. s'occupe d'un groupe d'élèves?
   a. Anne-Laure   b. Maïté   c. les deux

4. a peur du mauvais temps anglais?
   a. Anne-Laure   b. Maïté   c. les deux

5. va partir skier en fin d'année?
   a. Anne-Laure   b. Maïté   c. les deux

6. n'a pas beaucoup d'argent?
   a. Anne-Laure   b. Maïté   c. les deux

7. invite la personne à qui elle écrit venir la voir?
   a. Anne-Laure   b. Maïté   c. les deux

8. va être à Paris quand les cours à l'université recommencent?
   a. Anne-Laure   b. Maïté   c. les deux

04-40 **Essentiel à saisir. Quel temps fait-il?** Review the two postcards from activity 04-39 **Un p'tit coucou de . . .** and find the six expressions related to the weather using **faire**. Write them in the space provided.

1. _____

2. _____

3. _____

4. _____

5. _____

6. _____

Nom: _____   Date: _____

04-41 **Habitudes de travail.** In these passages, Sébastien and Pierre share their impressions about working schedules and vacation habits in France and in the U.S. Listen and read along, then indicate whether the statements are true (*Vrai*) or false (*Faux*).

Sébastien sur le travail et les congés en France et au Québec. Au Québec, c'est plus comme aux Etats-Unis qu'en France, 40 heures par semaine, 5 heures de moins (*less*) qu'en l'an 2000, mais des heures supplémentaires peuvent être imposées. Deux semaines de congés par an et 7 jours fériés sont la norme. C'est vrai que la semaine de travail en France est moins longue. Trente-cinq heures c'est bien, mais attention, c'est surtout pour les ouvriers et les employés. En moyenne, c'est 39 heures ou plus. Les Français ont plus de vacances que les Québécois, ça c'est un aspect positif, mais les Français sont tous en vacances en même temps. Avez-vous déjà visité la France en juillet ou août? Les villes sont désertées (*deserted*), presque tous les magasins sont fermés et les plages sont surpeuplées (*crowded*). Un véritable exode (*exodus*). Au départ c'est un peu frustrant, mais on s'habitue et on s'organise en fonction.

Pierre sur le travail et les congés aux Etats-Unis. J'ai résidé à New York pendant un an comme correspondant pour Radio Bleu et j'ai fait un reportage comparatif sur le travail et les congés aux Etats-Unis et en France. Globalement, au risque d'être réducteur, je peux dire que les Américains vivent pour travailler alors que les Français travaillent pour vivre. C'est un choix de société. Depuis 1980, la semaine de travail est de plus en plus longue aux Etats-Unis, alors qu'elle est de plus en plus courte pour les autres pays du G7. Les Américains travaillent beaucoup et font souvent des heures supplémentaires imposées. Pour nous Français, ça semble complétement fou! Les congés annuels, dix jours en moyenne par an et beaucoup d'Américains ne les prennent pas dans leur totalité. A comparer, les Français ont cinq semaines de vacances par an qu'ils prennent tous, c'est obligatoire, pas de possibilité d'accumuler. Il y a aussi beaucoup moins de jours fériés aux Etats-Unis qu'en France, 7, 5 contre 9 jours en France. Et avec tout ce temps libre, la France a un index de productivité plus haut que les Etats-Unis et est la quatrième puissance économique mondiale. Difficile à croire et pourtant c'est vrai. J'aime beaucoup les Etats-Unis mais je préfère travailler et vivre en France.

1. Au Québec, la semaine de travail est de 35 heures.   V   F

2. Au Québec, les employés ont plus de jours de vacances qu'en France.   V   F

3. Les Français prennent tous leurs vacances soit en juillet soit en août.   V   F

4. Pendant l'été les villes françaises sont vides.   V   F

5. La semaine de travail est plus longue aux Etats-Unis que dans d'autres pays industrialisés. V   F

6. Chaque année, les Français sont obligés de prendre tous leurs jours de congés.   V   F

7. Les Américains sont plus productifs que les Français.   V   F

8. Pierre veut partir travailler aux Etats-Unis.   V   F

🔊 **04-42** **Réactions.** Read the passages in activity 04-41 again. In these passages, Sébastien and Pierre share their impressions about working schedules and vacation habits in France and in the U.S. Listen and read along, then select the expression that best characterizes how Sébastien and Pierre each feel about the work-week in France and in the U.S.

1. Pour ce qui est de la semaine de travail et des congés en France, Sébastien a une opinion...
   a. positive   b. ni positive ni négative   c. négative

2. Pour ce qui est de la semaine de travail et des congés aux Etats-Unis, Pierre a une opinion...
   a. positive   b. ni positive ni négative   c. négative

Travail d'ensemble

04-43 **Etes-vous d'accord?** In your opinion, what does Pierre mean when he says **"Globalement, au risque d'être réducteur, je peux dire que les Américains vivent pour travailler, alors que les Français travaillent pour vivre"**? Do you agree?

_____

_____

_____

_____

A votre tour

Zoom sur...

04-44 **Correspondance.** Look again at the survey questions from activity 4-50 in your textbook. Then, for each topic given below, select the number of the question that corresponds.

Thème	Question #
1. La durée des vacances:	_____
2. L'hébergement:	_____
3. La destination:	_____
4. Le mode de transport:	_____
5. Le but (*goal*) des vacances:	_____

04-45 **Questions à considérer.** Read the questions below and select the appropriate theme of each one.

1. Pendant quels mois de l'année partez-vous en vacances?
   a. la démographie   b. la destination   c. le budget
   d. l'organisation des vacances   e. la période de vacances

2. Quelle est la profession de vos parents?
   a. la démographie   b. la destination   c. le budget
   d. l'organisation des vacances   e. la période de vacances

3. En France, dans quelle région allez-vous en vacances?
   a. la démographie   b. la destination   c. le budget
   d. l'organisation des vacances   e. la période de vacances

4. En Europe, dans quel pays allez-vous en vacances?
   a. la démographie   b. la destination   c. le budget
   d. l'organisation des vacances   e. la période de vacances

5. En moyenne, combien dépensez-vous en vacances?
   a. la démographie   b. la destination   c. le budget
   d. l'organisation des vacances   e. la période de vacances

6. Qui paie pour vos vacances?
   a. la démographie   b. la destination   c. le budget
   d. l'organisation des vacances   e. la période de vacances

7. Qui planifie vos vacances?
   a. la démographie   b. la destination   c. le budget
   d. l'organisation des vacances   e. la période de vacances

8. Combien de temps à l'avance planifiez-vous vos vacances?
   a. la démographie   b. la destination   c. le budget
   d. l'organisation des vacances   e. la période de vacances

9. Avec qui partez-vous en vacances?
   a. la démographie   b. la destination   c. le budget
   d. l'organisation des vacances   e. la période de vacances

04-46 **Les goûts (*tastes*) des jeunes Français.** Review **Les vacances des jeunes Français** (p. 129) in your textbook and indicate whether the following statements are true (*Vrai*) or false (*Faux*).

1. Plus de 50% des jeunes Français veulent découvrir de nouvelles choses pendant leurs vacances d'été.   V   F

2. Plus de 60% des jeunes Français passent leurs vacances d'été en France.   V   F

3. La montagne est la destination préférée des jeunes Français pour les vacances d'été. V   F

4. En vacances, la majorité des jeunes Français restent en maison de location.   V   F

5. Plus de 50% des jeunes Français partent en vacances d'été en voiture.   V   F

04-47 **Quel séjour?** Read the text below and indicate whether the statements that follow it are true (*Vrai*) or false (*Faux*).

SEJOUR SPORTIF ET MULTIMEDIA– KAYAK, MER ET INTERNET

Manoir Maltot–14930 Maltot

SITUATION GEOGRAPHIQUE: La plaine de Caen en Normandie associe littoral (*coastal*) historique (plages du débarquement [*D-Day*]), stations balnéaires (*seaside*) et milieu rural.

HEBERGEMENT: Un vieux manoir, ses annexes, ses terrains de sport, son gymnase, son jardin potager (*vegetable garden*), ses hectares de forêts et de pelouses à juste quelques kilomètres de la mer.

NOTRE PROJET: Découverte et apprentissage de l'informatique avec introduction au traitement de texte dans une salle informatique

équipée de 30 postes en réseau tous reliés à Internet. Grand choix d'activtiés sportives: football, volley, basket, tennis, voile, kayak et–la plage pour les fans du farniente.

MULTI-ACTIVITES: Jeux d'intérieur (*indoor games*) et de plein air, découverte du milieu marin, de la nature, faune et flore, promenades, camping, danses et chants. Selon le rythme de la journée, soirée calme (jeux de société [*parlor games*], lecture, etc.) ou soirée animée (spectacle, karaoké, théâtre, "boum" [*party*], etc.).

A FOURNIR LE JOUR DU DEPART: certificat médical d'aptitude aux activités sportives et nautiques + attestation de la capacité de nager du participant.

DATES ET MONTANT DES SEJOURS:

Jeunes 17/19 ans

Périodes	Durée	Dates De Départ / Retour	Montant Forfaitaire
Juillet	2ème quinzaine	du samedi 16/07/2011 au samedi 30/07/2011	1 100€
Août	1ère quinzaine	du samedi 6/08/2011 au samedi 20/08/2011	1 100€

SEJOUR ITINERANT—LE GRAND SUD TUNISIEN

Gammarth-Tunisie

Un voyage sur mesures (*customized*) pour réunir détente et découverte: 2 semaines à Gammarth, avant un circuit de 6 jours dans le désert du Sahara.

SITUATION GEOGRAPHIQUE:

Gammarth est à 17 km de Tunis, 10 km de l'aéroport de Tunis-Carthage, du fameux village de Sidi Bou Saïd et du port unique de Carthage.

L'HOTEL:

L'hôtel sélectionné pour votre séjour est un 3 étoiles (***) normes tunisiennes. L'ambiance est familiale et conviviale (*friendly*). Beau décor mauresque particulièrement typique.

LE SEJOUR:

Après deux semaines passées à Gammarth, nous commençons un circuit découverte des paysages et villes du Sud tunisien. Voyage en car climatisé (*AC*), nuitées en hôtel ** ou ***

- Départ au matin pour El Djem et son amphithéâtre romain puis Gabès entre mer et palmiers (*palm trees*).

- **Le 2ème jour**, traversée (*crossing*) pour l'île de Djerba et visite de sa capitale Houmt-Souk.

- **Le 3ème jour**, excursion à Matmata pour ses maisons troglodytes, visite de l'oasis de Chenini. Voyage vers Douz, aux confins (*outermost bounds of*) du désert.

- **Le 4ème jour**, excursion à dos de chameau pour admirer le lever (*sunrise*) ou coucher de soleil (*sunset*) sur le Sahara. Village de caractère, tapis (*rugs*), bijoux (*jewels*) berbères… Traversée du lac salé du Chott El Djerid. Tozeur et son oasis qui abrite environ vingt villages. Magnifiques jardins.

- **Le 5ème jour**, Nefta, une ville superbe au caractère ancien: on y tourne des films sur l'Antiquité, dans un décor authentique et naturel.

- **Le 6ème et dernier jour** avant de retourner à Hammamet, visite de Kairouan et de ses monuments magnifiques. La mosquée de Barbero, la médina et le souk.

Découverte magique de la Tunisie, riche de beaucoup de cultures: berbère, phénicienne, romaine, arabe, turque, française…

DOCUMENTS INDISPENSABLES: Une carte d'identité ou passeport en cours de validité + autorisation parentale de sortie du territoire délivrée par la Mairie (*city hall*) ou le Commissariat de Police du lieu de résidence si en dessous de 18 ans.

A FOURNIR LE JOUR DU DEPART: certificat médical d'aptitude aux activités sportives et nautiques de moins de trois mois + attestation de la capacité de nager du participant.

DATES ET MONTANT DES CIRCUITS:

Jeunes 16/18 ans

Périodes	Durée	Dates De Départ / Retour	Montant Forfaitaire
Juillet	3 semaines	du samedi 9/07/2011 au vendredi 29/07/2011	1 600€
Août	3 semaines	du vendredi 06/08/2011 au jeudi 25/08/2011	1 600€

*Avion et Taxes Aéroport inclus

1. Dans le séjour, *Kayak, Mer et Internet*, les participants sont hébergés dans une ferme.   V   F

2. Le séjour *Kayak, Mer, et Internet* associe informatique et sport.   V   F

3. Les participants au séjour *Kayak, Mer et Internet* doivent fournir un certificat médical deux semaines avant le départ.   V   F

4. Le séjour *Kayak, Mer et Internet* dure deux semaines.   V   F

5. Le séjour *Kayak, Mer et Internet* est offert aux jeunes entre 8 et 14 ans.   V   F

6. Dans le circuit *Le Grand Sud Tunisien*, les participants restent 2 jours à Gammarth avant
    de commencer le circuit.   V   F

7. Le circuit *Le Grand Sud Tunisien* dure trois semaines.   V   F

8. Le voyage dans le désert du Sahara se fait en car climatisé.   V   F

9. Le billet d'avion et les taxes d'aéroports ne sont pas inclus dans le prix du circuit *Le
    Grand Sud Tunisien*.   V   F

Intégration

04-48 **A votre avis.** Give your opinion about the two vacation packages offered. Tell specifically what you like or dislike about the options in each package (which one is more cultural, more fun, more informative, or more relaxing). Be sure to explain why.

Kayak, Mer et Internet:

_____

_____

_____

_____

Le Grand Sud Tunisien:

_____

_____

_____

_____

_____

04-49 **Critères et choix de vacances chez les jeunes Américains.** Using the results of the survey you conducted for activity 4-57 in your textbook, write a summary of what you found. Then, on the basis of the data you collected, indicate which vacation package would be most attractive to a majority of young Americans and write three sentences in French explaining why.

1. Ils aiment cette proposition de vacances: _____

2. Les raisons sont _____

_____

_____

5 Quelles études pour quelle formation professionnelle?

Pour commencer

Vidéo: Le stage à Budapest

 05-01 **Le stage à Budapest.** Alexis and Clémence meet Yann and they discuss a training course in Budapest. Watch the video segment and select all the items you hear.

_____ 1. Je crois que l'année prochaine on est tous les trois en master de sociologie.

_____ 2. Sciences Po, vous faites sciences po aussi?

_____ 3. On va se retrouver tous les trois à Budapest, alors?

_____ 4. Ouais, ouais, c'est dans une entreprise de statistiques.

_____ 5. Peut-être que tu peux venir avec nous.

_____ 6. Vous avez euh… le temps de prendre un café?

 05-02 **Ecrivez les mots.** What are Alexis and Clémence planning to do? Watch the video clip once more and fill in the missing words.

1. Yann, j' te présente _____. Clémence, j' te présente Yann.

2. Tous _____ dans une même classe.

3. Je te donne _____ tout de suite.

4. Ils cherchent beaucoup _____ en ce moment, des étudiants…

5. Prendre _____ ? OK. Allez, on y va tout de suite.

Pour bien communiquer: Spécialisations académiques et professions

05-03 **Ma spécialisation et ma profession.** Students are getting together to discuss their majors and future professions. Complete the sentences with the correct words.

Amy va faire des études en médecine. Elle veut devenir 1. _____ pour guérir les gens.

Son amie Sophie, elle, aime la musique. Elle veut devenir 2. _____ et faire partie d'un

orchestre. Yann veut faire des études en 3. _____ pour devenir sociologue. Samir,

lui, fait des études professionnelles en droit. Il veut être 4. _____. Finalement,

Magali s'intéresse aux études commerciales. Elle s'intéresse à la gestion et veut un poste de/d'

5. _____ dans une grande compagnie.

05-04 **A vous.** Using the vocabulary and expressions in **Pour bien communiquer: Spécialisations académiques et professions,** tell about your academic area, your major, and the profession you are planning for. What kind of organization or company would you like to work for?

_____

_____

_____

_____

Voix francophones au présent: Mes études en relations internationales

05-05 **Les relations internationales.** Listen once more to the radio broadcast **Voix francophones au présent: Mes études en relations internationales** in which Chloë discusses her course of study. Complete the paragraph with the missing words.

Les études internationales sont une des branches d'études en 1. _____. Nous nous

spécialisons en 2. _____ et globales. Les études commencent avec un apprentissage de

deux langues étrangères. On prend des cours en 3. _____, géographie, anthropologie,

4. _____. J' veux travailler dans 5. _____ non gouvernementale

internationale, comme par exemple Action Contre la Faim ou bien Médecins sans frontières.

05-06 **Résumé de l'émission.** Write three sentences in French that summarize the gist of the interview between Chloë and Dahlila.

_____

_____

_____

Nom: _____ Date: _____

Pour bien prononcer: The letter *r*

05-07 **La lettre *r*.** Read the sentences below, and give your pronunciation of each one orally. Be careful to pronounce the sound **r** accurately.

1. Je voudrais être professeur, ou bien acteur dans une pièce de théâtre.

2. Je fais des études de journalisme à Paris avec une spécialisation en presse radio.

3. Je suis en troisième année et je participe à un échange d'un semestre à Rome.

4. Pour réussir comme graphiste, il faut pouvoir travailler en équipe.

5. Pour réussir comme styliste, il faut avoir une bonne appréciation des couleurs.

Le bac

05-08 **Le bac.** What is **le bac**? Listen to the description of the exam and select the answer that best completes each sentence.

1. On passe son bac
   a. à la fin des études universitaires.
   b. après les études secondaires.
   c. avant de faire des études à l'étranger.

2. Le bac comprend
   a. neuf ou dix examens écrits et oraux.
   b. des examens sur un sujet particulier.
   c. une évaluation de la qualité des cours.

3. Le bac est stressant parce que
   a. le pourcentage des étudiants qui réussissent augmente.
   b. il y a beaucoup de candidats chaque année.
   c. vingt à vingt-cinq pour cent des candidats échouent.

4. Les étudiants qui échouent
   a. repassent trois fois.
   b. redoublent la classe de terminale.
   c. paient une forte pénalité.

5. Les étudiants qui réussissent
   a. portent le titre de bachelier ou de bachelière.
   b. redoublent la classe de terminale.
   c. finissent leurs études.

Pour bien communiquer: Formations

05-09 **Ma carrière.** Look at the pictures and select the answer that best completes each sentence.

1. Elle a une formation en
   a. des cours.
   b. chimie.
   c. des diplômes.

2. Nous organisons
   a. un employé.
   b. un stage.
   c. le chef de bureau.

3. Elle est diplômée en
   a. sciences.
   b. journalisme.
   c. trois ans.

4. Elle voudrait devenir
   a. professeur.
   b. chimiste.
   c. correspondante.

5. Je suis des cours en
   a. recherches.
   b. assistant.
   c. peinture.

6. Il a une spécialisation en
   a. sociologie.
   b. art.
   c. physique.

05-10 **Et toi?** You have just met a new student at your university. She tells you a bit about herself and asks about you. Answer each of her questions by providing information about your studies.

1. _____

2. _____

3. _____

4. _____

5. _____

Comment dire?

Adverb formation

05-11 **Adverbes contraires.** Students often reflect on their studies and future careers. Replace the adverbs in bold with their opposites. Choose the adverbs from the list below.

bien	**mal**	**peu**	**beaucoup**
assez	**trop**	**souvent**	**rarement**
lentement	**rapidement**		

1. Nous faisons **rarement** _____ des expériences dans notre laboratoire.

2. Je pense **beaucoup** _____ à l'avenir et à ma carrière.

3. Tu travailles **bien** _____ aujourd'hui.

4. Il me semble que je travaille **lentement** _____ aujourd'hui.

5. Je crois que je travaille **rapidement** _____.

6. Nadine et Anwar sont employés dans la même compagnie et ils travaillent **souvent**

_____ ensemble.

05-12 **Habitudes contraires.** Each individual works differently; some people accomplish their tasks quickly, whereas others work more slowly. Complete the following sentences with the correct form of the adverb.

Modèle: D'habitude je travaille lentement, mais aujourd'hui je n'ai pas beaucoup de temps et je travaille *vite*.

1. Deux amies ont la même spécialisation. Une a obtenu son diplôme rapidement, l'autre travaille

_____.

2. Sébastien et Amy travaillent bien ensemble mais Sébastien et Aminata travaillent

_____ ensemble.

3. Quand elle travaille seule, Amy répond lentement aux questions, mais quand elle est en classe elle

répond _____.

4. Je pense beaucoup à ma spécialité et à ma carrière mais Sébastien, lui, est cool. Il pense

_____ à l'avenir.

5. Pour certains projets j'aime travailler en équipe et je travaille fréquemment avec trois ou quatre

personnes. Mais pour des projets artistiques, je travaille _____ avec d'autres

personnes.

Regular *-ir* verbs

05-13 **Quelques verbes en *-ir*.** People are often thinking about their work and careers. Complete the following sentences with the correct form of the **-ir** verbs in the present tense.

1. Sébastien, est-ce que tu _____ (réfléchir) souvent à ta carrière?

2. Chaque jour, Aminata _____ (finir) son travail et ensuite elle fait du jogging.

3. Vous _____ (finir) à quelle heure?

4. Chloë et moi, nous _____ (réfléchir) au choix de nos cours pour le semestre prochain.

5. Aminata, est-ce que tu _____ (finir) à cinq heures?

6. Amy _____ (réagir) rapidement quand il y a un problème.

05-14 **Phrases à faire.** Read each sentence fragment and complete it by matching it with the correct ending.

1. Yvonne Nogier est un prof de maths

   remarquable, elle _____

2. Vous êtes un superviseur extraordinaire,

   vous _____

3. Ce sont des étudiants exemplaires, ils _____

4. Je suis un excellent écrivain, je _____

5. Vous êtes un conseiller remarquable,

   vous _____

6. Amy s'occupe de sa santé avec soin,

   elle _____

a. réfléchit aux besoins (*needs*) de ses étudiants.

b. choisissez toujours les meilleures solutions aux problèmes des étudiants.

c. agissez d'une façon responsable dans toutes les situations.

d. réfléchis à mon travail et choisis les mots soigneusement.

e. finissent leur travail rapidement.

f. choisit les exercices avec attention et fait du sport tous les jours.

The verbs *prendre, suivre,* and *devoir*

05-15 **Prendre.** Complete each of the following sentences with the appropriate form of the verbs **prendre,** **apprendre,** or **comprendre.**

1. Vous _____ (prendre) des notes à la réunion?

2. Tu _____ (comprendre) ce qu'il dit?

3. Monsieur Nguyen _____ (apprendre) à utiliser le nouveau logiciel.

4. Nous ne _____ (comprendre) pas ce système.

5. Il ne _____ (prendre) pas l'autobus tous les jours. Il vient à pied souvent.

6. Ils _____ (prendre) une pause café à dix heures.

05-16 **A vous.** Answer the questions you hear in complete sentences, providing personal information or opinion. Be sure to use the correct form of the verbs **prendre, comprendre, suivre,** and **devoir**.

1. _____

2. _____

3. _____

4. _____

5. _____

6. _____

Travail d'ensemble

05-17 **Mes qualifications.** Tell about your qualifications and abilities. Describe orally your career interests and the skills you have acquired for your future job.

Pour aller plus loin

Mon job: Thérèse Durand-Chevallier

05-18 **Le travail de Thérèse.** Review the text **Thérèse Durand-Chevallier** (p. 146) in your textbook and select all of the statements that describe her job.

Mon job: Thérèse Durand-Chevallier

Je suis emploi-jeune dans une école primaire. Je fais partie de plus de 50 000 aides-éducateurs qui sont employés chaque année en France. Nous animons les cours et aidons les instituteurs. Mon job à moi, c'est de donner des cours de théâtre aux enfants. Il y a cinq classes d'enfants de 8 à 10 ans. Ils s'intéressent beaucoup à l'art et au théâtre et ils participent avec enthousiasme.Je travaille à l'école Jean Moulin à Champigneulles, près de Nancy depuis à peu près un an. Chaque mardi, je m'occupe d'un atelier théâtre. La troupe de notre atelier s'appelle Polichinelle. Cette année nous montons des petites pièces comiques. La représentation est prévue pour le 15 mars. Les enfants travaillent bien pour faire une grande entrée sur scène.

1. _____ Mon job, c'est de donner des cours de théâtre aux enfants de l'école.

2. _____ Nous travaillons à présent sur une pièce de théâtre classique.

3. _____ Cela fait maintenant un an que je travaille.

4. _____ Il y a cinq classes d'enfants qui adorent le théâtre.

5. _____ Les enfants préfèrent jouer au football.

6. _____ La troupe de notre atelier théâtre s'appelle En Vrac.

05-19 **Ce que je fais.** What is Thérèse's job? Complete the sentences describing Thérèse's activities using the verbs below in the present tense.

1. Je _____ (donner) des cours de théâtre.

2. Je _____ (s'occuper) d'un atelier théâtre.

3. Nous _____ (préparer) une représentation pour le 15 mars.

4. Nous _____ (monter) de petites pièces comiques.

5. Nous _____ (travailler) pour faire une grande entrée sur scène.

Pour bien communiquer: Qualités personnelles

05-20 **Les qualités de Chloë.** Listen as Chloë tells you about her personal attributes. Then select all of the aspects that she mentions in her presentation.

_____ 1. Pour certains projets, je préfère travailler seule.

_____ 2. Quand je travaille, je cherche la routine.

_____ 3. C'est la variété qui m'intéresse.

_____ 4. Avant de commencer un travail, je pense à la conclusion.

_____ 5. Le stress m'affecte tous les jours.

_____ 6. Je commence toujours avec les problèmes les plus importants.

Rencontre avec Yanis Zeroual

05-21 **Les réponses de Zeroual.** Review the text **Rencontre avec Yanis Zeroual** (p. 148) in your textbook and select the answers given by Yanis Zeroual to each of the questions. Note that the choices below are not given verbatim from the interview, but restate what he said.

Pouvez-vous vous présenter?

1. _____ Je m'appelle Yanis Zeroual. Ma famille est marocaine.

2. _____ Mes parents sont d'origine algérienne. Mon père est venu en France pour chercher du travail.

Et vous êtes écrivain?

3. _____ Je ne suis pas actuellement écrivain, mais je voudrais devenir un écrivain célèbre.

4. _____ Je ne suis pas seulement écrivain. Je suis professeur aussi.

Vous êtes fier de vos racines?

5. _____ Oui. Mais au début je me suis révolté.

6. _____ Aujourd'hui j'accepte mon héritage français et algérien.

Est-ce que vous avez fait l'expérience du racisme?

7. _____ Oui, mais ce n'est qu'une partie de mon histoire.

8. _____ Non, le racisme ne m'a pas touché.

05-22 **Son histoire.** Yanis Zeroual tells about his past and what he wants to do in the future. Complete the paragraph with words and expressions from the word bank.

Algérie	Français	héritage	immigrante	magasin
Maghrébins	racisme	roman	ventes	

Ma famille est 1. _____. Nous venons d' 2. _____

mais je suis né en France et nous sommes français à présent.

Je travaille pour un 3. _____ et j'écris aussi un

4. _____ où j'explique mon double 5. _____ français et

algérien. Je veux raconter l'histoire de l'implantation des 6. _____ en France. Je

suis fier de mes racines et je suis heureux de raconter cette histoire.

Le système LMD

05-23 **C'est vrai?** Review the text **La réforme de l'université** (p. 149) in your textbook. Imagine that you are advising students about the new LMD system. Students come in with both correct information and misinformation. Tell them if what they say is true (*Vrai*) or false (*Faux*).

1. Il faut six semestres d'études après le baccalauréat pour arriver à la Licence.   V   F

2. Quand on fait une Licence on suit principalement des cours de culture, de sport et de langues. V   F

3. Après un Master (bac+5) on peut faire de la recherche ou accepter un emploi professionnel.   V   F

4. Il faut 8 ans pour préparer le Doctorat (bac+8).   V   F

5. Le candidat pour un doctorat doit faire une thèse.   V   F

Comment dire?

The superlative

05-24 **Notre équipe.** Use the following elements to complete each sentence describing how great your project team is. Be sure to use a superlative.

Modèle: Les membres sont *les plus intelligents* (intelligent).

1. Les membres de l'équipe sont _____ (coopératif).

2. La coopération entre les membres est _____ (intense).

3. Le travail que nous faisons est _____ (bon).

4. Les résultats sont _____ (original).

5. Les idées de notre équipe sont _____ (créatif).

6. La participation est _____ (complète).

05-25 **Thérèse a le meilleur poste.** It's clear that Thérèse has a good job. Complete the sentences with the appropriate superlative form of the adjective, adverb, or noun given in parentheses.

1. Le poste de Thérèse Pignon est _____ (bon) de sa jeune carrière.

2. Les enfants de la troupe théâtrale sont _____ (motivé) de l'école.

3. Les parents des enfants trouvent que Thérèse est _____ (bon) des aides-éducateurs.

4. Thérèse travaille _____ (consciencieux) de tous les enseignants.

5. Elle discute des progrès des enfants _____ (souvent) avec la directrice du programme.

6. Elle travaille beaucoup; elle enseigne _____ (cours) de tous les aides-éducateurs.

The passé composé with *avoir*

05-26 **Phrases à faire.** People are completing their studies and getting ready to apply for jobs. Complete the following sentences with the verbs provided. Be sure to use the correct form of the **passé composé**.

1. Clémence et Alexis _____ (étudier) la sociologie.

2. Vous _____ (chercher) un poste dans un magasin.

3. Amy Guidry _____ (choisir) un stage utile.

4. Nous _____ (choisir) un cours sérieux.

5. Hans Gunder _____ (travailler) pour une entreprise vinicole.

6. J'_____ (consulter) les annonces d'emploi.

7. Ils _____ (trouver) un stage rapidement.

8. Elles _____ (poser) une question par e-mail.

 05-27 **Au passé.** Listen as your friends tell you about what they did recently. Complete your replies to them, saying that you have already done the same things.

Modèle: J'étudie la chimie.
Moi, *j'ai étudié* la chimie l'année dernière.

1. Moi, _____ un programme d'études la semaine dernière.

2. Nous, _____ des livres pour notre cours de littérature hier.

3. Nous, _____ le projet de sociologie il y a deux jours.

4. Pour mon stage, _____ dans une compagnie vinicole en Suisse.

5. Nous, _____ un film l'année dernière.

6. Moi, _____ l'enseignant du cours hier.

The interrogative and demonstrative adjectives

05-28 **Comment?** Complete the follow-up questions below by using the appropriate forms of the interrogative adjective.

1. J'ai trois diplômes.

    _____ diplômes avez-vous?

2. Ce poste m'intéresse.

    _____ poste vous intéresse?

3. J'apporte plusieurs qualités au poste.

    _____ qualités est-ce que vous apportez?

4. Nous avons rendez-vous bientôt.

    A _____ heure avez-vous rendez-vous?

5. J'ai pris mon devoir avec moi.

    De _____ devoir parlez-vous?

6. Cette jeune femme travaille bien.

    De _____ jeune femme parlez-vous?

05-29 **Au bureau.** At the office people talk about their jobs. Complete the sentences with the correct form of the demonstrative adjective.

1. _____ poste m'a l'air intéressant et j'aime bien _____ compagnie.

2. Avec _____ machines, nous arrivons à faire _____ produit.

3. Le recrutement du personnel est essentiel dans _____ compagnie.

4. _____ équipe est la meilleure de toutes.

5. _____ employé a le goût de la solitude.

6. Est-ce que tu vas assister à _____ réunion?

Travail d'ensemble

05-30 **Mes qualifications.** Write a short e-mail telling your potential employer about your qualifications for a job. Tell about what you like to do (supervise people, teach) and how you like to work (in a team or alone).

_____

_____

_____

_____

_____

A la découverte

Petit tour d'horizon

05-31 **Les effectifs étudiants.** Examine the graphs below and complete the sentences with the appropriate answer.

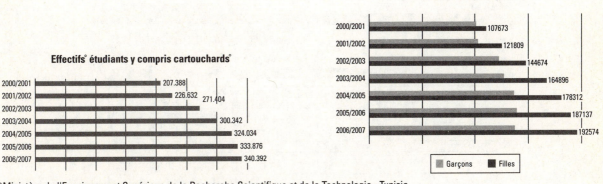

Effectifs° étudiants y compris cartouchards°

2000/2001	207.388
2001/2002	226.632
2002/2003	271.404
2003/2004	300.342
2004/2005	324.034
2005/2006	333.876
2006/2007	340.392

Effectifs étudiants par sexe

2000/2001	107673
2001/2002	121809
2002/2003	144674
2003/2004	164896
2004/2005	178312
2005/2006	187137
2006/2007	192574

☐ Garçons ■ Filles

©Ministère de l'Enseignement Supérieur, de la Recherche Scientifique et de la Technologie - Tunisie

1. La plus petite augmentation des effectifs étudiants en général a eu lieu en…
   a. 2004–2005   c. 2006–2007
   b. 2005–2006

2. Les filles sont plus nombreuses à l'université depuis…
   a. 2000–2001   c. 2002–2003
   b. 2001–2002

3. La plus grosse augmentation des effectifs féminins a eu lieu en…
   a. 2001–2002   c. 2004–2005
   b. 2002–2003

4. La plus petite augmentation des effectifs féminins a eu lieu en…
   a. 2004–2005   c. 2006–2007
   b. 2005–2006

05-32 **Les filières préférées des étudiants tunisiens.** Examine the graph below and indicate whether the statements that follow are true (*Vrai*) or false (*Faux*).

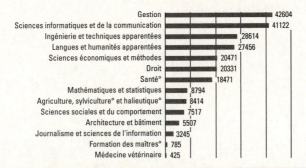

Effectifs étudiants par filières°

Gestion	42604
Sciences informatiques et de la communication	41122
Ingénierie et techniques apparentées	28614
Langues et humanités apparentées	27456
Sciences économiques et méthodes	20471
Droit	20331
Santé°	18471
Mathématiques et statistiques	8794
Agriculture, sylviculture° et halieutique°	8414
Sciences sociales et du comportement	7517
Architecture et bâtiment	5507
Journalisme et sciences de l'information	3245
Formation des maîtres°	785
Médecine vétérinaire	425

santé *health;* sylviculture *forestry;* halieutique *fishery;* formation des maîtres *teacher education*

©Ministère de l'Enseignement Supérieur, de la Recherche Scientifique et de la Technologie - Tunisie

1. Les étudiants tunisiens ont une préférence pour les filières théoriques.   V   F

2. Il y a environ dix fois plus d'étudiants en études de gestion qu'en études vétérinaires.   V   F

3. Il y a presque autant d'étudiants en économie qu'en droit.   V   F

4. Il y a moins d'étudiants en ingénierie qu'en langues et humanités.   V   F

05-33 **Le rythme universitaire tunisien.** Examine the calendar and complete the sentences with the appropriate answer.

	Premier semestre	Deuxième semestre	Jours fériés
Rentrée universitaire	04 septembre 2008	09 février 2009	Nouvel an (1er janvier)
Fin des études	20 décembre 2008	06 juin 2009	Fête de l'Indépendance (20 mars)
Fin de l'année universitaire		27 juin 2009	Fête de la Jeunesse (21 mars)
			Fête des Martyrs (9 avril)
			Fête du travail (1er mai)
			Fête de la République (25 juillet)
			Journée nationale de la femme (13 août)
			Fête du changement (7 novembre)

1. Les étudiants tunisiens commencent les cours du semestre d'automne...
   a. à la fin de l'été
   b. au milieu de l'automne
   c. à la fin de l'automne

2. Les étudiants tunisiens passent leurs examens du semestre d'automne...
   a. avant les vacances d'hiver
   b. pendant les vacances d'hiver
   c. après les vacances d'hiver

3. Les étudiants tunisiens commencent les cours du semestre de printemps...
   a. en janvier après les examens
   b. en février
   c. en mars

4. Les étudiants tunisiens ont...
   a. 1 jour de révision avant le début des examens
   b. 2 jours de révision avant le début des examens
   c. 3 jours de révision avant le début des examens

05-34 **Des rythmes différents?** Review the Tunisian school calendar and, based on what you know about the semester-based school calendar in the U.S., indicate whether the following statements apply to Tunisia, to the U.S., or to both.

1. Les étudiants finissent les cours quelques jours avant Noël.
   a. Tunisie
   b. Etats-Unis
   c. Tunisie et Etats-Unis

2. Les étudiants n'ont pas d'examens le samedi.
   a. Tunisie
   b. Etats-Unis
   c. Tunisie et Etats-Unis

3. Les étudiants ont des vacances d'été plus longues.
   a. Tunisie
   b. Etats-Unis
   c. Tunisie et Etats-Unis

4. Les étudiants ont une période de révision avant les examens.
   a. Tunisie
   b. Etats-Unis
   c. Tunisie et Etats-Unis

Point d'intérêt

05-35 **Licence en Economie et gestion.** Review the text **Licence Economie et Gestion** (p. 158) in your textbook and indicate whether the following statements are true (*Vrai*) or false (*Faux*).

1. Seuls les étudiants titulaires du baccalauréat peuvent être acceptés en Licence en Economie et gestion.   V   F

2. Il faut 60 crédits pour obtenir une Licence en Economie et gestion.   V   F

3. En moyenne, il faut suivre des cours pendant trois ans avant d'obtenir une Licence en Economie et gestion.   V   F

4. Deux langues étrangères sont obligatoires.   V   F

5. Les étudiants ont deux ans de cours communs.   V   F

6. Il est obligatoire de faire un stage pour obtenir une Licence en Economie et gestion.   V   F

05-36 **Les cours obligatoires en première année.** Review the document **Licence Economie et Gestion** (p. 158) in your textbook and complete the following statements with the appropriate answer.

1. Les étudiants doivent suivre...
   a. 1 cours de français
   b. 2 cours de français
   c. 3 cours de français

2. Les étudiants doivent suivre...
   a. 1 cours de droit
   b. 2 cours de droit
   c. 3 cours de droit

3. Les étudiants doivent suivre...
   a. 1 cours d'informatique
   b. 2 cours d'informatique
   c. 3 cours d'informatique

05-37 **Qui a terminé?** Review the testimonials from three ULT students (p. 160) in your textbook and indicate to which students (Ariane, Ahmed, Inès) each of these statements applies. There may be more than one correct answer for each statement.

1. A fini ses études.
   a. Ariane
   b. Ahmed
   c. Inès

2. A fait un doctorat.
   a. Ariane
   b. Ahmed
   c. Inès

3. Travaille à l'étranger.
   a. Ariane
   b. Ahmed
   c. Inès

4. A étudié à l'étranger.
   a. Ariane
   b. Ahmed
   c. Inès

05-38 Ariane, Ahmed et Inès. Review the testimonials from these three ULT students (p. 160) in your textbook and indicate which student(s) make(s) each of the following statements. More than one answer may apply for each statement.

1. Les formations sont bonnes.
   a. Ariane
   b. Ahmed
   c. Inès

2. L'université est très bien équipée.
   a. Ariane
   b. Ahmed
   c. Inès

3. Je suis contente d'avoir choisi l'ULT.
   a. Ariane
   b. Ahmed
   c. Inès

4. Les possibilités de passer un semestre d'études à l'étranger sont un atout.
   a. Ariane
   b. Ahmed
   c. Inès

5. Travailler en groupe avec d'autres étudiants et parler à un auditoire m'ont rendu(e) plus sûr(e) de moi.
   a. Ariane
   b. Ahmed
   c. Inès

05-39 Les études suivies. Listen and read along Dahlila's and Françoise's testimonial about their training and professional experiences, and then indicate whether the statements are true (*Vrai*) or false (*Faux*).

1. Dahlila a commencé ses études de journalisme immédiatement après le bac.   V   F

2. Dahlila a suivi uniquement des cours de journalisme à l'ESJ.   V   F

3. Dahlila a fait un séjour d'études d'un semestre aux Etats-Unis.   V   F

4. Dahlila n'a pas aimé son experience américaine.   V   F

5. Dahlila a travaillé immédiatement à Radio Bleu après avoir obtenu son diplôme.   V   F

6. Françoise a obtenu trois diplômes.   V   F

7. Françoise a travaillé dans une entreprise après l'Agrégation.   V   F

8. Françoise a tout de suite aimé enseigner.   V   F

9. Françoise a obtenu son doctorat pour pouvoir enseigner à l'université.   V   F

10. Françoise a continué d'enseigner pendant ses études de doctorat.   V   F

05-40 **Des expérience diverses?** Indicate whether the following statements apply to Dahlila, Françoise, or both.

1. A fait des études supérieures.
    a. Dahlila
    b. Françoise
    c. Toutes les deux

2. A eu une expérience à l'étranger.
    a. Dahlila
    b. Françoise
    c. Toutes les deux

3. A repris (*continued*) ses études après avoir trouvé un poste.
    a. Dahlila
    b. Françoise
    c. Toutes les deux

4. A toujours aimé son métier.
    a. Dahlila
    b. Françoise
    c. Toutes les deux

5. N'a jamais déménagé (*moved*).
    a. Dahlila
    b. Françoise
    c. Toutes les deux

6. Aime le contact humain.
    a. Dahlila
    b. Françoise
    c. Toutes les deux

Travail d'ensemble

05-41 **Et vous quelle est votre formation?** Write a 5–7 sentence paragraph describing in detail the courses you are currently taking and how they are preparing you for your future career.

_____

_____

_____

_____

_____

A votre tour

Zoom sur...

05-42 **Tour d'ACCORD Paris.** Go to the link for the ACCORD Paris website and visit the following pages: *Accueil* and *Plan accès.* Then, determine whether the following statements are true (***Vrai***) or false (***False***).

1. ACCORD Paris existe depuis 1987.   V   F

2. ACCORD Paris est accrédité par le Ministère de l'Education Nationale.   V   F

3. ACCORD Paris a une seule école à Paris.   V   F

4. Les étudiants peuvent prendre le métro pour se rendre à ACCORD Paris tous les jours.   V   F

05-43 **Equipement à ACCORD.** Review the ACCORD brochure (p. 163), in your textbook and select the correct answer to complete each statement.

1. ACCORD a (dix / vingt) salles de classe.

2. Les salles de classe (sont équipées / ne sont pas équipées) pour le multimédia.

3. ACCORD dispose (d'un / de plusieurs) laboratoire(s).

4. L'accès aux ordinateurs est (payant / gratuit).

5. Les étudiants ont (une / deux) possibilité(s) pour manger.

05-44 **Courriel à ACCORD.** You have completed the self-assessment in activity 5-52 in your textbook and you are ready to register, but you have some last minute questions. Write an e-mail message to ACCORD to ask questions about their courses, which will help you choose the one that will be right for you. Be sure to greet and close your message appropriately.

http://www.
rsonhighered
n/francais-monde

05-45 **Rassembler l'info pour la vidéo.** In order to be ready for your video recording, you jot down a few notes you can refer to as you speak. Give the following information in complete sentences.

1. **Infos personnelles**

- Nom

- Age

_____

_____

2. **Education et Objectifs**

- Université

- Cours que je suis ce semestre

- Ma spécialisation

- Ce que je veux faire plus tard

_____

_____

_____

_____

3. **Apprentissage du français**

- Année où j'ai commencé à apprendre le français et où

- Mes professeurs de français préférés

- Les livres que j'ai utilisés dans mes cours de français

- Mes compétences en français

_____

_____

_____

_____

Intégration

05-46 **Organiser son paragraphe.** In order to be ready to write your paragraph, you jot down a few notes you can refer to as you begin.

1. Quels sont les attraits (*attractive features*) de l'école?

_____

_____

2. Quels sont les attraits de Paris?

_____

_____

3. Qu'est-ce qu'un stage à ACCORD Paris va m'apporter? Pour mes études à ULT, pour ma future carrière?

_____

_____

05-47 **Se préparer à l'entretien.** Give your answers to these questions orally to prepare for the personal interview. Refer to the information that you have already provided in the registration and lodging forms and the language self-assessment grid for help. Be sure to think of a few questions that you would like to ask as well, and give them last.

1. Comment vous appelez-vous?

2. Où habitez-vous?

3. Où étudiez-vous?

4. En quoi vous spécialisez-vous?

5. C'est votre second semestre de français?

6. Vous envisagez (*are planning*) une spécialisation en français?

7. Quel livre de français utilisez-vous?

8. Quelle profession envisagez-vous?

9. Quelles sont vos activités préférées?

10. Que recherchez-vous dans un séjour linguistique?

11. Quel type de logement avez-vous choisi? Pourquoi?

12. [Mes trois questions...]

6 Etudier à l'étranger

Pour commencer

Vidéo: La fac en France et en Allemagne

06-01 **Les différences.** Simon talks about the differences between the German and the French university systems. Watch the video segment and select all the items you hear.

_____ 1. Qu'est-ce que tu penses alors de la fac en France?

_____ 2. Ce qui est bien c'est que c'est pas cher.

_____ 3. En Allemagne on doit payer pour beaucoup de choses.

_____ 4. Les rapports entre professeurs et étudiants laissent à désirer.

_____ 5. Le professeur, il parle, mais pas les étudiants.

_____ 6. Ça c'était difficile au début, pour s'habituer.

06-02 **Ecrivez les mots.** What does Simon say exactly about the differences between the German and French systems? Watch the video clip once more and write the missing words.

1. Il y a des _____ avec l'Allemagne?

2. Parce qu'en Allemagne, il y a _____.

3. Ce qui n'est pas très bien, c'est les rapports entre _____ et étudiants.

4. C'est souvent comme ça _____.

5. C'était difficile au début pour _____.

Pour bien communiquer: Comment faire un séjour à l'étranger

06-03 **Pour faire un séjour à l'étranger.** Amy is planning to study abroad in France. What steps does she need to take? Complete the sentences with the correct verbs.

acheter	chercher	demander	écrire
faire	remplir	trouver	

Amy va parler au directeur du programme avant de 1. _____ sa demande. Ensuite,

elle va 2. _____ les formulaires et 3. _____ sa lettre de

motivation. Il faut aussi qu'elle 4. _____ une lettre de recommandation à son

professeur.

Plus tard, elle va 5. _____ un logement dans une résidence universitaire,

renouveler son passeport et 6. _____ les billets d'avion.

06-04 **Mon séjour à l'étranger.** Imagine that you are making plans to study abroad. Using the vocabulary and expressions in **Pour bien communiquer: Comment faire un séjour à l'étranger,** write a short paragraph of 4–5 sentences describing the steps you need to take.

_____

_____

_____

_____

_____

Voix francophones au présent: Mon séjour à l'étranger

06-05 **L'échange d'Amy.** Listen once more to the radio broadcast **Voix francophones au présent: Mon séjour à l'étranger** where Amy discusses her plans to study in France. Fill in the missing words.

Je fais un BS, un Bachelor of Science, à l'Université de l'état de la Louisiane en études

1. _____. J'ai l'intention de faire des études en médecine et de devenir

2. _____. J'ai décidé de voyager en France pour 3. _____ mon

français et pour 4. _____ des cours.

Je suis ici pour six mois. Je commence à 5. _____ à ma vie à Paris. J'aime

beaucoup les autres étudiants et les cours, mais il faut dire que les cours sont 6. _____.

06-06 **Résumé de l'émission.** Write three sentences in French that describe the gist of the interview between Amy and Dahlila.

_____

_____

_____

_____

Erasmus

06-07 **Erasmus, c'est quoi?** What do you know about Erasmus? Listen to the description of the program and select the answer that best completes each sentence.

1. Erasmus est...
   a. un programme de voyages d'aventure en Europe.
   b. un échange d'étudiants et d'enseignants.
   c. le nom d'une université célèbre en Europe.

2. Erasmus Mundus est...
   a. la version internationale d'Erasmus.
   b. le nom des étudiants européens qui voyagent dans le monde.
   c. une évaluation de la qualité des universités européennes.

3. L'expérience Erasmus est...
   a. un voyage de tourisme à l'étranger.
   b. un atout pour la vie professionnelle.
   c. une occasion de s'amuser.

4. Les anciens étudiants Erasmus considèrent que le séjour est...
   a. un désavantage pour leur premier poste.
   b. une amélioration des conditions qu'on trouve dans leur pays d'origine.
   c. un avantage pour leur carrière.

Pour bien prononcer: The letters *eu*

06-08 **Les lettres eu.** Read the sentences below and give your pronunciation of each one orally. Be careful to pronounce the two variants of the sound **eu** accurately.

1. Je voudrais être professeur, ou bien vendeur dans un magasin.

2. Elle veut faire un séjour en Europe pendant deux ou plusieurs années.

3. Il peut travailler comme directeur; il a un diplôme supérieur.

4. Je suis ambitieux. Je veux suivre des cours supérieurs et avoir un meilleur poste.

06-09 Quelle voyelle? Listen to the following sentences and decide which of the two variants of the pronunciation of the letters **eu** is correct for each word numbered. Write *a* for the sound as in the word **deux**; write *b* for the sound as in the word **leur**.

Elle veut être 1. _____ heureuse dans son poste.

Elle est 2. _____ vendeuse dans un grand magasin.

Ils 3. _____ veulent voyager partout dans le monde.

Sébastien va partir en 4. _____ Europe.

Il veut travailler comme 5. _____ chercheur.

Elle n'est pas 6. _____ sérieuse.

Je la trouve 7. _____ paresseuse.

Comment dire?

Regular *-re* verbs and the *passé composé* of regular *-re* verbs

06-10 Quelques verbes en *-re*. There are many things to do to apply to study abroad. Complete the following sentences with the correct form of the **-re** verb in the present tense.

1. Pour faire ma demande, je (répondre) _____ aux questions du formulaire d'admission.

2. Elle (attendre) _____ la réponse du comité d'admission.

3. Nous (vendre) _____ des affaires avant de faire des études à l'étranger.

4. Vous (perdre) _____ votre temps avec cette demande, le programme est complet (*full*).

5. Deux de mes amis ont fait leur demande et ils (attendent) _____ la réponse.

6. Hassan (rendre) _____ visite à son prof pour demander une lettre de recommandation.

06-11 **Les verbes en *-re* au *passé composé*.** Many issues arise when applying for travel abroad. Complete the following sentences with the correct form of the **-re** verb in the **passé composé**.

1. Deux amies ont fait une demande d'échange. Une a obtenu sa réponse rapidement, l'autre (attendre)

   _____ plusieurs jours.

2. Sébastien et Amy ont fait une demande d'échange. Ils (rendre visite) _____ au

   directeur du programme.

3. Amy a posé des questions au directeur du programme. Le directeur (répondre)

   _____ rapidement.

4. Pendant notre rendez-vous avec le directeur des études à l'étranger, il nous (rendre)

   _____ nos paragraphes de motivation avec ses commentaires.

5. Vous avez fait votre demande de stage et vous avez attendu pendant deux mois mais vous n'avez pas

   reçu de réponse. A mon avis vous (perdre) _____ votre temps.

6. Hans a écrit une lettre pour participer à un échange en Suisse. Il (attendre) _____

   un mois avant d'avoir la réponse.

Asking questions in the *passé composé*

06-12 **Des choses à faire.** You have many questions for your friends about their application for a training course. Ask questions about the various steps one needs to take, using the **passé composé**.

Modèle: Tu / faire la demande
             Tu as fait la demande? or
             Est-ce que tu as fait la demande?

1. Elle / envoyer la demande

   _____

2. Vous / ajouter une lettre de motivation

   _____

3. Tu / choisir un programme en France

   _____

4. Ils / acheter un billet d'avion

   _____

5. Vous / préparer votre CV

   _____

6. Tu / demander une lettre de recommandation

   _____

Nom: _____ Date: _____

06-13 **Questions et réponses.** Two friends have just returned from studying broad, and you have many questions for them. Complete the following dialogue with the questions you asked, choosing the appropriate questions from the list.

- Combien de temps est-ce que le séjour a duré?

- Est-ce que vous avez aimé votre séjour?

- Est-ce que vous avez fait des excursions?

- Où est-ce que vous avez fait un séjour d'études?

- Qu'est-ce que vous avez étudié?

- Quelles villes est-ce que vous avez visitées?

1. _____

Nous avons fait un séjour d'études à l'Université de Montpellier.

2. _____

Le séjour a duré un semestre.

3. _____

Nous avons étudié le français et l'histoire culturelle de la région.

4. _____

Oui, nous avons fait des excursions dans le sud de la France.

5. _____

Nous avons visité les villes de Nîmes, Avignon et Marseille.

6. _____

Oh, oui, nous avons beaucoup aimé notre séjour.

The passé composé with *être*

06-14 **Avoir ou être?** Sébastien Proux went to study in France for a year. Complete the following paragraph that describes what he did. Be sure to use the correct auxiliary; some verbs take the auxiliary **être** in the **passé composé**.

Sébastien Proux 1. _____ allé en France pour faire un stage.

Il 2. _____ voyagé en avion de Montréal à Paris. Il 3. _____

arrivé à Paris vers midi. Il 4._____ pris un taxi pour aller à l'appartement qu'il a loué (*rented*).

Il 5. _____ commencé à suivre les cours deux jours après. Il 6. _____

resté en France pendant un an. Ensuite, il 7. _____ retourné au Canada où il a repris

(*took up*) son poste.

06-15 **Un voyage d'affaires.** Aminata and Dahlila went on a business trip. Read the following paragraph and complete it by selecting the correct forms of the **passé composé**.

Aminata et Dahlila sont (1) [a. allé b. allées] à Paris en voyage d'affaires. Elles ont (2) [a. voyagé

b. voyagés] pendant une heure en avion et elles sont (3) [a. arrivé b. arrivées] tard l'après-midi. Elles ont

(4) [a. rencontré b. rencontrées] leurs collègues Hassan et Jacques à l'aéroport. Et ils sont tous (5) [a. allé

b. allés] en ville en auto. Ensuite, ils ont (6) [a. assisté b. assistés] à la réunion de la compagnie. Et ce

soir-là ils sont (7) [a. sorti b. sortis] en ville. Le voyage a duré deux jours et elles sont (8) [a. rentré

b. rentrées] du voyage pleines d'enthousiasme.

Travail d'ensemble

06-16 **Comment j'ai fait un séjour à l'étranger.** Describe orally what you did to land an internship. Tell about the steps you took to identify a company, prepare your CV, ask for a letter of recommendation, and send the application. Remember that this letter describes events in the past, so the verb tenses should be in the **passé composé**.

Pour aller plus loin

Mes études à l'étranger

06-17 **Quelles études?** Serge went to Germany for two years to study. What are the details of his stay? Match each phrase with the item that provides the correct answer.

1. Sujets étudiés _____

2. Diplôme d'études _____

3. Durée du séjour _____

4. Lieu du séjour _____

5. Langue à apprendre _____

6. Résultats _____

a. maîtrise

b. allemand

c. séjour mémorable

d. deux ans

e. Allemagne

f. mathématiques et économie

06-18 **Les études de Serge.** Listen to Serge's account of his stay in Trèves and then complete the paragraph that describes his studies.

Serge a choisi d'étudier 1. _____ combinées avec 2. _____. Il est

allé en 3. _____ pour faire ces études. Il a suivi des cours à Trèves pendant

4. _____. Au début, son séjour a été 5. _____ parce que

les systèmes d'éducation sont 6. _____. En plus, il a eu du mal à comprendre

7. _____ à cause de son allemand de débutant.

  Mais maintenant il pense que son séjour en Allemagne est le plus 8. _____ de sa

vie. Il a aussi progressé en allemand et parle cette langue 9. _____.

Documents de voyage

06-19 **J'ai des questions.** Review the text **Documents de voyage** (p. 181) in your textbook. Imagine that you are advising students about the documents they need to travel abroad. Answer their questions briefly with **oui** or **non**.

1. _____ Je suis américain et je vais voyager en France pendant un mois. Est-ce que j'ai besoin d'un passeport?

2. _____ Moi, je suis américaine aussi et je vais voyager en Suisse pendant un semestre. Est-ce que j'ai besoin d'un visa?

3. _____ Je suis américain et je fais un voyage d'études à Porto Rico. Est-ce que j'ai besoin d'un passeport ou d'un visa?

4. _____ Je vais étudier en France pendant un an. Est-ce que j'ai besoin d'un permis de résidence temporaire?

5. _____ Je vais en Belgique pour rendre visite à une amie. Je vais rester une semaine. Est-ce que j'ai besoin d'un visa ou d'un permis de résidence temporaire?

Le stage en Suisse romande

06-20 **Hans et le stage.** Hans Gunder traveled to Switzerland to work in a wine co-op. Listen to his description and select the sentences that describe Hans' internship.

_____ 1. J'ai voyagé en Allemagne.

_____ 2. J'ai travaillé dans un bureau.

_____ 3. L'entreprise était très petite.

_____ 4. C'est dans une cave que j'ai travaillé.

_____ 5. J'ai beaucoup aimé le travail.

_____ 6. C'était difficile de parler français tout le temps.

_____ 7. Les personnes étaient agréables.

_____ 8. Le stage était une bonne expérience pour moi.

06-21 **Ce que j'ai fait.** During his internship, Hans did many different things. Complete the paragraph by filling in the verbs using the **passé composé.**

Pendant mon séjour, j' 1. _____ (habiter) chez une famille et j'

2. _____ (travailler) dans une entreprise, L'Arche de Noé.

Le premier jour de mon stage j' 3. _____ (commencer) le travail à 8 heures et

quart. A midi, l'employé et moi, nous 4. _____ (prendre) le déjeuner chez les Dothaux.

L'après-midi j' 5. _____ (nettoyer) les caisses. Vers la fin de la semaine, on

6. _____ (planter) des arbres.

Pour bien communiquer: Pourquoi faire un séjour à l'étranger

06-22 **Raisons pour faire un séjour.** Why might one choose to study abroad? Select the items that describe useful educational benefits of a stay in Europe.

_____ 1. Je veux apprendre une nouvelle langue.

_____ 2. Moi, je voudrais visiter les sites historiques.

_____ 3. Il est important d'enseigner la culture américaine aux Européens.

_____ 4. J'aimerais apprendre beaucoup sur la culture locale.

_____ 5. Je veux jouer au baseball en Europe.

_____ 6. Je vais améliorer mon CV.

06-23 **Mes raisons à moi.** For what reasons would you choose to study abroad? Write 3–4 sentences to say what the most important reasons are for you to travel.

_____

_____

_____

_____

Comment dire?

Irregular past participles

06-24 **Mes activités.** Several people had different experiences during their internships. Complete the sentences to describe those experiences, and be sure to use the **passé composé.**

1. Je/J' _____ (faire) des livraisons une partie de la journée.

2. Nous _____ (apprendre) comment faire du vin.

3. Vous _____ (faire) la récolte du raisin (*grapes*).

4. Elle _____ (comprendre) des rapports et

5. _____ (faire) des résumés.

6. Hans _____ (devoir) nettoyer des caisses.

7. Tu _____ (être) employé dans une entreprise vinicole.

06-25 **Ce qu'ils n'ont pas fait.** Some people did not do certain jobs during their internships. Complete the sentences to describe what tasks some people did not do, using the **passé composé**.

1. Amy _____ (faire) le café.

2. Sébastien _____ (apprendre) les procédures de la compagnie.

3. Nous _____ (comprendre) tous les rapports.

4. Elle _____ (prendre) de notes pendant les réunions.

5. Tu _____ (distribuer) le courrier.

6. Je _____ (faire) la comptabilité (*accounting*).

The *passé composé* of pronominal verbs

06-26 **Le débat.** Noah, Amy, and Laurent are working against industrial pollution, and they discuss their motivation in their work. Complete the sentences using the **passé composé**. Be sure to make the appropriate agreements.

1. Nous _____ (se lancer) dans le problème de la pollution industrielle.

2. Amy _____ (s'intéresser) au problème.

3. Noah et Laurent _____ (se préparer) pour le débat.

4. Amy _____ (se fâcher) pendant la discussion.

5. Ils _____ (se promettre) de faire mieux la prochaine fois.

6. Ils _____ (se téléphoner) pour parler de stratégie.

06-27 **A vous.** Listen to the recorded questions and answer them, providing personal information or opinions about what you did last week.

1. _____

2. _____

3. _____

4. _____

5. _____

6. _____

06-28 **Descriptions.** Look at the pictures of what Patrick and Sophie did last week, and select the statement that best describes each one.

1.  _____

2.  _____

3.  _____

4.  _____

5.  _____

6. 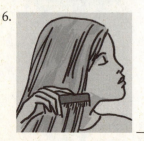 _____

a. Sophie s'est habillée.

b. Patrick s'est regardé dans le miroir.

c. La semaine dernière, Sophie s'est réveillée à 7 heures du matin.

d. Patrick s'est levé à 6 heures, comme d'habitude.

e. Quand il s'est réveillé, Patrick s'est frotté les yeux.

f. Quand elle s'est réveillée, Sophie s'est coiffée.

The verbs *dire*, *lire*, and *écrire*

06-29 **Habitudes quotidiennes.** What daily habits do you have? Answer each question with a full sentence in French providing details about what you do every day.

1. Combien de fois (*how many times*) est-ce que vous lisez les nouvelles sur Internet chaque jour?

_____

2. Combien d'e-mails est-ce que vous écrivez chaque jour?

_____

3. Est-ce que vous écrivez sur un blog ou sur Facebook?

_____

4. Est-ce que vous lisez des textes en français? Est-ce que vous regardez des films français?

_____

5. A combien de personnes est-ce que vous dites "bonjour" chaque jour?

_____

06-30 **Le séjour d'Amy.** Amy applied to study abroad for a year through her university in Louisiana. She is describing the application process and how she was accepted. Complete the sentences with the verbs indicated in the **passé composé**.

L'année dernière, j'ai préparé une demande pour faire un séjour en France. Tout d'abord j'

1. _____ (lire) les pages Internet du programme. Je n' 2. _____

(comprendre) tous les renseignements, alors j' 3. _____ (écrire) un e-mail au directeur

du programme. J' 4. _____ (dire) que j'avais (*had*) des questions. Elle m'

5. _____ (répondre) tout de suite et j' 6. _____ (prendre)

rendez-vous avec elle. Elle 7. _____ (répondre) à toutes mes questions.

J' 8. _____ (écrire) ma lettre de motivation et j'ai rempli les formulaires et j'ai été

acceptée. C'est facile!

Travail d'ensemble

06-31 **Mon voyage.** Write an email of 4–5 sentences telling a friend about a trip you took recently. Tell him or her what means of transportation you used, how long it took to get there, what you did when you got there and how you got back.

_____

_____

_____

_____

_____

A la découverte

Petit tour d'horizon

06-32 **La situation linguistique.** Read the passage below about the linguistic landscape of Belgium and Switzerland, and then choose the correct answer to complete each of the sentences that follow.

Paysage linguistique en Belgique et en Suisse

Au point de vue linguistique, la Belgique et la Suisse sont des pays multilingues. La Belgique a trois langues officielles: le néerlandais, le français et l'allemand, la Suisse en a trois aussi, l'allemand, le français, et l'italien. Le romanche, lui, est considéré langue nationale.

En Belgique, le néerlandais est la langue majoritaire suivie du français et de l'allemand. Ces trois groupes linguistiques vivent (*live*) dans des régions distinctes: la Flandre, la Wallonie et l'Est du pays. Seule Bruxelles-Capitale est bilingue, les autres régions sont unilingues. Les tensions entre la communauté néerlandaise (*Dutch*) et la communauté francophone ne sont pas récentes, elles sont vieilles de 15 siècles (*centuries*), mais elles sont devenues plus fortes récemment.

En Suisse, l'allemand est la langue majoritaire, suivie du français, de l'italien et du romanche. Les autres langues résultent de l'immigration récente. Chaque groupe linguistique de la Suisse vit dans une région correspondante dont les frontières (*borders*) linguistiques n'ont pratiquement pas changé depuis plus de 1000 ans, et sont donc de ce fait antérieures à la création de la Suisse. En Suisse, 19 cantons sont unilingues, 3 sont bilingues et 1 est trilingue. Ces frontières linguistiques suscitent des tensions surtout entre Romans et Alémaniques, mais aussi entre Italophones et Alémaniques. Les Romans parlent de la 'germanisation de la Suisse' et les Italophones de la 'germanisation du Tessin.'

1. La Belgique et la Suisse sont des pays [unilingues / multilingues].

2. La Belgique et la Suisse ont [trois / quatre] langues officielles.

3. En Belgique et en Suisse, le français [est / n'est pas] la langue majoritaire.

4. Les communautés linguistiques en Belgique et en Suisse [vivent / ne vivent pas] dans des régions spécifiques.

5. En Belgique et en Suisse, les relations entre les communautés linguistiques [sont tendues / ne sont pas tendues].

06-33 **On y parle quoi?** Review the text *Paysage linguistique en Belgique et en Suisse* again, and indicate whether the following statements are true (*Vrai*) or false (*Faux*).

1. La Belgique et la Suisse ont deux langues officielles.   V   F

2. En Belgique et en Suisse, le français est la deuxième langue la plus parlée.   V   F

3. La majorité des régions en Belgique et en Suisse sont unilingues.   V   F

4. Il existe quelques régions trilingues en Belgique et en Suisse.   V   F

06-34 **Qui suis-je?** Review the text **Qu'est-ce que ça veut dire être belge ou suisse?** (p. 191) in your textbook and select who makes the following statements: Anne Teresa De Keersmaeker (ATK), Axelle Red (AR). Hugo Loetscher (HL), or Bernard Cretaz (BC).

1. Etre belge, c'est seulement un aspect de mon identité.
   a. ATK   b. AR   c. ATK et AR

2. Les Belges sont modestes.
   a. ATK   b. AR   c. ATK et AR

3. Etre belge affecte la manière dont je vois les choses.
   a. ATK   b. AR   c. ATK et AR

4. Le paysage linguistique de la Suisse définit mon identité.
   a. HL   b. BC   c. HL et BC

5. On ne sait pas s'il y a une identité suisse.
   a. HL   b. BC   c. HL et BC

6. J'ai plusieurs identités.
   a. ATK   b. HL   c. ATK et HL

06-35 **Quelle(s) langue(s) parlent-ils?** Review the text **Qu'est-ce que ça veut dire être belge ou suisse?** (p. 191) in your textbook and indicate what the first language of the following people is.

1. Anne Teresa De Keersmaeker
   a. français   b. flamand   c. allemand

2. Axelle Red
   a. français   b. flamand   c. allemand

3. Hugo Loetscher
   a. français   b. flamand   c. allemand

Point d'intérêt

06-36 **Premier survol: Titres et contenus.** Mikelena, a Danish student who studied at the Université de Genève for a semester, posted a summary of her Erasmus experience on her blog. Read the blog entry and match the correct title with the appropriate content.

Mon semestre en Erasmus

Partir...

La décision
Quand j'ai appris que l'Université de Copenhague avait un accord (*agreement*)
avec l'Université de Genève, mon rêve (*dream*) de partir en ERASMUS est devenu plus concret. Mon objectif: améliorer mon français. En première année
de Master (M1), je me suis décidée et j'ai posé ma candidature.

Les démarches (process) *à faire, les papiers et le stress à nouveau*
Pour ma candidature, j'ai dû soumettre mon CV et une lettre de motivation.
Puis, j'ai dû passer un entretien. Après ça, j'ai beaucoup stressé.
Finalement la bonne nouvelle est arrivée et je suis partie à Genève pour
un semestre.

Un français autre
Le premier choc que j'ai eu à l'arrivée, c'est que mon français appris à
l'école était différent du français que j'ai rencontré en Suisse. Mon
français était un peu formel. Au début j'ai eu des difficultés à comprendre. J'ai pris quelque cours de français et avec l'aide de mon coloc
(*roommate*) francophone, j'ai fait des progrès très rapides.

Les étudiants ERASMUS à l'Université de Genève
Dans les cours, les ERASMUS, on n'était pas nombreux. De ce fait, j'ai pu
rencontrer beaucoup de Suisses. Là où j'ai rencontré les autres ERASMUS,
c'est au bureau des Affaires Internationales. Un vrai melting pot: des
Italiens, des Hongrois, des Espagnols, des Grecs, des Anglais, des
Tchèques et des Français. On a fait plein de choses ensemble pendant le
semestre, des voyages, des soirées. Le temps a passé trop vite.

Rentrer...
Le mois de juin est arrivé et après les examens, j'ai dû commencer à
penser au retour au Danemark. Quitter mes amis à la fin juin a été un moment très difficile. On s'est promis de se retrouver le plus tôt possible.
Et cela s'est concrétisé l'été 2010, mes amis sont venus à Copenhague.

Mon bilan ERASMUS?
J'ai créé de vraies amitiés, j'ai beaucoup appris, je suis devenue plus
ouverte d'esprit, je bouge plus. Je fais maintenant partie d'une grande
famille européenne.

Titre

1. La décision _____

2. Les démarches à faire, les papiers et le stress à

   nouveau _____

3. Un français autre _____

4. Les étudiants ERASMUS à l'Université de

   Genève _____

5. Rentrer... _____

6. Mon bilan ERASMUS _____

Contenu

a. Les difficultés linguistiques

b. Le dossier de candidature

c. Le choix d'une destination

d. L'impact du programme ERASMUS

e. Les caractéristiques des étudiants ERASMUS

f. Le retour au pays

06-37 **Essentiel à saisir: Le séjour ERASMUS de Mikelena.** Read Mikelena's blog entry again, and indicate whether the following statements are true (*Vrai*) or false (*Faux*).

1. Mikelena est partie en ERASMUS à Genève pour améliorer son allemand.   V   F

2. Au début de son séjour Mikelena a eu des difficultés linguistiques.   V   F

3. Mikelena a pris des cours pour améliorer son français.   V   F

4. Mikelena s'est fait très peu d'amis ERASMUS à l'université de Genève.   V   F

5. Repartir pour le Danemark n'a pas été facile pour Mikelena.   V   F

6. Mikelena est devenu une personne plus mobile et tolérante grâce à ERASMUS.   V   F

06-38 **Mikelena et Mats.** Read Mikelena's blog entry again and review Mats's interview **Mon expérience ERASMUS** (p. 192) in your textbook. What are the similarities shared by Mikelena and Mats, two ERASMUS students?

1. Objectifs du séjour ERASMUS: _____

2. Difficultés rencontrées: _____

3. Bénéfices retirés du séjour ERASMUS: _____

06-39 **Partir à l'étranger pour faire un stage ou des études.** Sébastien and Aminata from **Voix francophones au présent** talk about their experience working in France and studying in the U.S. Listen and indicate whether each of the following statements concerns Sébastien, Aminata, or both.

1. J'ai choisi de faire un stage.
   a. Sébastien   b. Aminata   c. Sébastien et Aminata

2. J'ai suivi des cours.
   a. Sébastien   b. Aminata   c. Sébastien et Aminata

3. Partir n'a pas été une décision facile.
   a. Sébastien   b. Aminata   c. Sébastien et Aminata

4. J'ai dû m'adapter.
   a. Sébastien   b. Aminata   c. Sébastien et Aminata

5. J'ai dû chercher un appartement.
   a. Sébastien   b. Aminata   c. Sébastien et Aminata

6. Tout n'a pas été facile au début.
   a. Sébastien   b. Aminata   c. Sébastien et Aminata

7. Les collègues m'ont aidé à m'intégrer.
   a. Sébastien   b. Aminata   c. Sébastien et Aminata

8. J'ai pris une bonne décision.
   a. Sébastien   b. Aminata   c. Sébastien et Aminata

9. J'ai eu une super expérience.
   a. Sébastien   b. Aminata   c. Sébastien et Aminata

10. Je me suis fait des amis.
   a. Sébastien   b. Aminata   c. Sébastien et Aminata

06-40 **Rencontres.** Imagine that you have the opportunity to meet Sébastien or Aminata. What questions would you ask them about their experiences?

_____

_____

_____

_____

Travail d'ensemble

06-41 **Pourquoi partir?** Your French e-pal is thinking of coming to the U.S. to study English for a semester, and s/he asks you whether this is a good idea. What do you tell him/her? In your reply, provide 2 or 3 specific reasons. Be sure to use the appropriate greeting and closing in your message.

Re: Partir étudier à l'étranger

_____

_____

_____

_____

_____

A votre tour

Zoom sur...

Faire un séjour à l'étranger

06-42 **Information clé.** Match the correct information with each request made below.

1. Date de naissance _____

2. Nationalité _____

3. Adresse _____

4. Courriel _____

5. Numéro de portable _____

6. Etablissement scolaire _____

7. Diplôme _____

8. Langues pratiquées _____

9. Période de stage souhaitée _____

10. Référence _____

a. 06-45-78-12-69

b. début juin à début août

c. allemand/espagnol

d. Licence Economie et Gestion

e. française

f. 10/07/1980

g. 1, rue des Trois Frères, 75018 Paris

h. Mme Hughes

i. Université Paris X – Nanterre

j. sjones@wanadoo.fr

06-43 **Le formulaire d'admission.** Select the section in which the following information is likely to be found in an internship application.

1. Information: La nationalité
   a. I. Renseignements personnels.
   b. II. Etudes, expérience professionnelle et compétences personnelles.

2. Information: Les études universitaires qu'elle a faites
   a. I. Renseignements personnels.
   b. II. Etudes, expérience professionnelle et compétences personnelles.

3. Information: Le nom des personnes qui peuvent la recommander
   a. I. Renseignements personnels.
   b. II. Etudes, expérience professionnelle et compétences personnelles.

4. Information: Les coordonnées
   a. I. Renseignements personnels.
   b. II. Etudes, expérience professionnelle et compétences personnelles.

5. Information: Les logiciels qu'elle connaît
   a. I. Renseignements personnels.
   b. II. Etudes, expérience professionnelle et compétences personnelles.

6. Information: Les langues qu'elle parle
   a. I. Renseignements personnels.
   b. II. Etudes, expérience professionnelle et compétences personnelles.

7. Information: L'état civil
   a. I. Renseignements personnels.
   b. II. Etudes, expérience professionnelle et compétences personnelles.

8. Information: La personne à contacter en cas d'urgence
   a. I. Renseignements personnels.
   b. II. Etudes, expérience professionnelle et compétences personnelles.

9. Information: Les emplois et stages
   a. I. Renseignements personnels.
   b. II. Etudes, expérience professionnelle et compétences personnelles.

10. Information: Les passe-temps favoris
    a. I. Renseignements personnels.
    b. II. Etudes, expérience professionnelle et compétences personnelles.

06-44 **Le profil de Stéphanie Jones.** Read Stéphanie Jones's application for an internship, and then read the three summaries that follow. Choose the summary that matches the description of Stéphanie Jones's education and work experience.

Formulaire d'admission

Les demandes écrites à la main ne sont pas acceptées.

FORMULAIRE D'ADMISSION

I. RENSEIGNEMENTS PERSONNELS			
1. Nom de famille: JONES		2. Prénom: Stéphanie, Leslie	

3. Sexe: Féminin	4. Date de naissance (jj/mm/aa): 10/07/1985	5. Lieu de naissance (commune et pays): Paris (XVIIe) - FRANCE	6. Nationalité actuelle (en cas de double nationalité, indiquez les deux): française et américaine

7. Nationalité à la naissance: française		8. Adresse actuelle: 1, rue des Trois Frères, 75018 Paris - France	

8A. Numéro de téléphone fixe: 01-42-63-24-75	8B. Numéro de portable: 06-45-78-12-69	8C. Numéro de télécopieur:	8D. Courriel: sjones@wanadoo.fr

9. Adresse permanente: 1, rue des Trois Frères, 75018 Paris - France

II. ETUDES, EXPERIENCE PROFESSIONNELLE ET COMPETENCES PERSONNELLES			

Etudes supérieures (niveau secondaire et universitaire)
14. Etudes en cours:

Etablissement Nom, ville, pays	Dates De	A	Diplômes
Université Paris X - Nanterre Universidad de Malaga – Espagne (co-tutelle)	2010		En première année de Master Economie et Gestion

15. Etudes terminées:

Université Paris X - Nanterre	2007	2010	Licence Economie et Gestion
Lycée Carnot – Paris (17) – France	2003	2007	BAC E (anglais et espagnol)

16. Compétences en informatique et niveau: *** Expert ** Moyen * Faible	_✓_ Traitement de texte _✓_ *** __ ** __ *	_✓_ Recherche sur Internet _✓_ *** __ ** __ *	_✓_ Tableurs _✓_ *** __ ** __ *	_✓_ Bases de données __ *** __ ** _✓_ *
	_✓_ Conception de pages Web __ *** _✓_ ** __ *		__ Autres: __ *** __ ** __ *	

17. Bourses et distinctions:

18. Emplois et stages antérieurs:

Nom de l'employeur Chambre de Commerce et d'Industrie de Paris-France	de juin 2008	à septembre 2008	Nature du travail Stagiaire
Le Méridien – Cancun-Mexique	juin 2009	septembre 2009	Stagiaire
Marriott Heidleberg-Allemagne	juin 2010	septembre 2010	Stagiaire

19. Références: Donnez le nom et l'adresse d'au moins deux personnes qui ne font pas partie de votre famille et vous connaissent bien.

Mme Martin	Bureau F354 Université de Paris X – Nanterre 200, Av. de la République 92001 Nanterre - Cedex	Directrice du Département d'Economie et Gestion
Mr. Rodriguez	Le Meridien Cancun Paseo Kukulkan, km 14 Retorno del Ray Lote 37-1 Cancun, Q. Roo 77500 Mexico Tel.: 998-885 26 03	Directeur de l'hôtel

III. AUTRES RENSEIGNEMENTS	
20. Autres renseignements utiles: Oui / Non Aptitudes et compétences sociales: *Vivre et travailler avec d'autres personnes, dans des environnements multiculturels, où le travail d'équipe est essentiel (travaux de groupe par exemple), etc.* Aptitudes et compétences artistiques: *Musique, écriture, dessin, etc.* Autres:	Pratique du piano Poterie et photographie

25. Je soussigné(e) Stépahnie Jones atteste que les renseignements donnés ci-dessus sont, à ma connaissance, véridiques, exacts et sans omission, et qu'ils peuvent être vérifiés à tout moment. Je n'ignore pas que toute déclaration fausse ou omission, même involontaire de ma part, peut entraîner l'annulation de ma candidature.	
Signature: (si vous soumettez votre demande par courrier électronique, tapez votre nom.)	
[signature]	Date: (jj/mm/aa) 15 février 2010

Avant d'envoyer le présent formulaire d'admission, veuillez vérifier que vous avez bien:

1. Répondu à toutes les questions.

2. Joint votre lettre de motivation (150 à 250 mots) dans laquelle vous exposez les raisons pour lesquelles vous souhaitez étudier à ULB.

3. Signé votre demande.

_____ 1. Stéphanie Jones est une jeune fille franco-américaine qui parle couramment trois langues. Elle a fait toutes ses études à Paris et est aujourd'hui titulaire d'un master en Economie et Gestion. Elle a fait trois stages, un en France, un en Espagne et un en Allemagne.

_____ 2. Stéphanie Jones est une jeune fille franco-américaine qui parle couramment quatre langues. Elle a fait la majorité de ses études à Paris et est aujourd'hui titulaire d'un master en Economie et Gestion. Elle a fait trois stages, un en France, un au Mexique et un en Allemagne.

_____ 3. Stéphanie Jones est une jeune fille franco-américaine qui parle couramment quatre langues. Elle a fait toutes ses études à Paris et est en première année de master Economie et Gestion. Elle a fait trois stages, un en France, un au Mexique et un en Allemagne.

Intégration

06-45 **Une question d'organisation.** Read Stéphanie's cover letter and indicate in which paragraph (1, 2, 3, or 4) she discusses each of the following topics. Select the correct number.

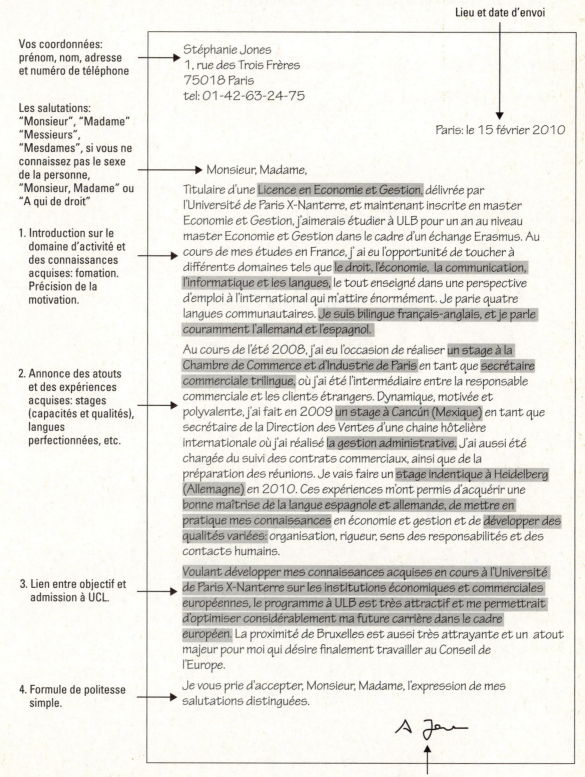

Lieu et date d'envoi

Vos coordonnées: prénom, nom, adresse et numéro de téléphone

Stéphanie Jones
1, rue des Trois Frères
75018 Paris
tel: 01-42-63-24-75

Paris: le 15 février 2010

Les salutations: "Monsieur", "Madame" "Messieurs", "Mesdames", si vous ne connaissez pas le sexe de la personne, "Monsieur, Madame" ou "A qui de droit"

Monsieur, Madame,

Titulaire d'une Licence en Economie et Gestion, délivrée par l'Université de Paris X-Nanterre, et maintenant inscrite en master Economie et Gestion, j'aimerais étudier à ULB pour un an au niveau master Economie et Gestion dans le cadre d'un échange Erasmus. Au cours de mes études en France, j'ai eu l'opportunité de toucher à différents domaines tels que le droit, l'économie, la communication, l'informatique et les langues, le tout enseigné dans une perspective d'emploi à l'international qui m'attire énormément. Je parle quatre langues communautaires. Je suis bilingue français-anglais, et je parle couramment l'allemand et l'espagnol.

1. Introduction sur le domaine d'activité et des connaissances acquises: fomation. Précision de la motivation.

2. Annonce des atouts et des expériences acquises: stages (capacités et qualités), langues perfectionnées, etc.

Au cours de l'été 2008, j'ai eu l'occasion de réaliser un stage à la Chambre de Commerce et d'Industrie de Paris en tant que secrétaire commerciale trilingue, où j'ai été l'intermédiaire entre la responsable commerciale et les clients étrangers. Dynamique, motivée et polyvalente, j'ai fait en 2009 un stage à Cancún (Mexique) en tant que secrétaire de la Direction des Ventes d'une chaine hôtelière internationale où j'ai réalisé la gestion administrative. J'ai aussi été chargée du suivi des contrats commerciaux, ainsi que de la préparation des réunions. Je vais faire un stage indentique à Heidelberg (Allemagne) en 2010. Ces expériences m'ont permis d'acquérir une bonne maîtrise de la langue espagnole et allemande, de mettre en pratique mes connaissances en économie et gestion et de développer des qualités variées: organisation, rigueur, sens des responsabilités et des contacts humains.

3. Lien entre objectif et admission à UCL.

Voulant développer mes connaissances acquises en cours à l'Université de Paris X-Nanterre sur les institutions économiques et commerciales européennes, le programme à ULB est très attractif et me permettrait d'optimiser considérablement ma future carrière dans le cadre européen. La proximité de Bruxelles est aussi très attrayante et un atout majeur pour moi qui désire finalement travailler au Conseil de l'Europe.

4. Formule de politesse simple.

Je vous prie d'accepter, Monsieur, Madame, l'expression de mes salutations distinguées.

A Jones

6. Votre signature.

1. Stéphanie décrit son cursus scolaire.   1   2   3   4

2. Elle présente les stages qu'elle a faits.   1   2   3   4

3. Elle explique sa motivation pour passer une année à ULB.   1   2   3   4

4. Elle souligne les atouts linguistiques qu'elle possède.   1   2   3   4

5. Elle parle des diplômes qu'elle a reçus et qu'elle prépare.   1   2   3   4

6. Elle prend congé de son lecteur.   1   2   3   4

06-46 **Je remplis mon formulaire d'admission.** Fill in the blanks in the application form below by providing your own information.

Formulaire d'admission

Les demandes écrites à la main ne sont pas acceptées.

I. RENSEIGNEMENTS PERSONNELS

1. Nom de famille: _____

2. Prénom: _____

3. Sexe: _____

4. Date de naissance (jj/mm/aa): _____

5. Lieu de naissance (commune et pays): _____

6. Nationalité actuelle (en cas de double nationalité, indiquez les deux): _____

7. Nationalité à la naissance: _____

8. Adresse actuelle

    Rue: _____

    Code Postal: _____ Ville: _____

    Pays: _____

    8A. Numéro de téléphone fixe: _____

    8B. Numéro de portable: _____

    8C. Numéro de télécopieur: _____

    8D. Courriel: _____

9. Adresse permanente

    Rue: _____

    Code Postal: _____ Ville: _____

    Pays: _____

II. ETUDES, EXPERIENCES PROFESSIONNELLES ET COMPETENCES INFORMATIQUES

Etudes supérieures (niveau universitaire)

14. Etudes en cours

    Etablissement: _____

        Ville: _____ Pays: _____

    Dates

        De (m/a): _____ A (m/a): _____

    Diplôme: _____

15. Etudes terminées

    Etablissement: _____

        Ville: _____ Pays: _____

Dates

De (m/a): _____ A (m/a): _____

Diplôme: _____

Etablissement: _____

Ville: _____ Pays: _____

Dates

De (m/a): _____ A (m/a): _____

Diplôme: _____

16. Compétences en informatique et niveau: *** Expert ; ** Moyen; * Faible

Traitement de texte: _____

Recherche sur Internet: _____

Tableurs: _____

Bases de données: _____

Conception de pages Web: _____

Autres: _____

17. Bourses et distinctions: _____

18. Emplois et stages antérieurs

Nom de l'employeur: _____

De (m/a): _____ A (m/a): _____

Nature du travail: _____

Nom de l'employeur: _____

De (m/a): _____ A (m/a): _____

Nature du travail: _____

Nom de l'employeur: _____

De (m/a): _____ A (m/a): _____

Nature du travail: _____

19. Références: Donnez le nom et l'adresse de deux personnes qui ne font pas partie de votre famille et

vous connaissent bien: _____

III. AUTRES RENSEIGNEMENTS

20. Autres renseignements utiles

Aptitudes et compétences sociales (*Vivre et travailler avec d'autres personnes, dans des environnements multiculturels où le travail d'équipe est essentiel [travaux de groupe par exemple], etc.*)

_____

_____

_____

_____

_____

Aptitudes et compétences artistiques (*Musique, écriture, dessin, etc.*)

_____

_____

_____

_____

_____

Autres:

_____

_____

_____

_____

21. Je soussigné(e) _____ atteste que les renseignements donnés ci-dessus sont, à ma connaissance, véridiques, exacts et sans omission, et qu'ils peuvent être vérifiés à tout moment.

Signature (si vous soumettez votre demande par courrier électronique, tapez votre nom.)

_____

Date (jj/mm/aa):

_____

Avant d'envoyer le présent acte de candidature, veuillez vérifier que vous avez bien:

1. Répondu à toutes les questions.

2. Joint une courte lettre de motivation (150 à 250 mots) dans laquelle vous exposez les raisons pour lesquelles vous souhaitez étudier à ULB.

3. Signé votre demande.

06-47 **Je prépare ma lettre de motivation.** Before writing your cover letter, write 1 or 2 sentences on the following topics. Use Stéphanie's letter on page 135 as a model.

1. Mon éducation et ma formation:

_____

2. Mon expérience professionnelle:

_____

3. Mes aptitudes et compétences informatiques et sociales:

_____

4. Autres aptitudes:

_____

7 Se déplacer mieux pour mieux visiter

Pour commencer

Vidéo: Le train pour Nice

07-01 On part à Nice. Emilie and Sélim are discussing going to Nice. Watch the video and select all the statements you hear mentioned.

_____ 1. Il y a un train pour Nice dans un quart d'heure.

_____ 2. A Grenoble, il y a de très belles plages.

_____ 3. Imagine la plage, le sable, le soleil.

_____ 4. On va acheter nos billets.

_____ 5. Tu es d'accord, on part pour Grenoble?

_____ 6. Maintenant on se dépêche.

07-02 Le mot juste. What exactly do Emilie and Sélim say about going to Nice or Grenoble? Watch the video clip once more and write the missing words.

1. Il y a un train pour Grenoble aussi, et Grenoble, il y a de très belles _____.

2. Oui, mais Grenoble, c'est la montagne, c'est pour _____.

3. Mais là on part au bord de _____.

4. Bon, ben on prend nos _____.

5. Le train, il va _____.

Pour bien communiquer: Les transports publics

07-03 **Les transports.** Look at the pictures of means of transportation and select the statement that best describes each one.

1.  _____

2.  _____

a. Pour se déplacer entre les grandes villes, le TGV est le plus commode.

b. En Afrique on voyage souvent en pirogue.

c. Pour aller dans les petites villes, on doit prendre l'autocar.

d. Beaucoup de jeunes ont des mobylettes.

e. Moi, quand je vais à la fac, je prends le métro.

f. Quand on voyage en Angleterre, on y va en avion.

g. J'habite près de mon travail, alors, j'y vais à pied.

h. D'habitude je prends le train pour aller en banlieue lointaine.

2.  _____

3.  _____

4.  _____

5.  _____

7.  _____

6.  _____

8.  _____

Voix francophones au présent: On parle de transports

📢 **07-04** **Sébastien et le métro.** Listen once more to the radio broadcast **Voix francophones au présent: On parle de transports** in which Sébastien discusses the ways he gets around Paris. Fill in the missing words.

PIERRE: Aujourd'hui, notre sujet de discussion c'est les transports quotidiens. Sébastien, comment est-ce que vous vous déplacez pour aller à votre travail, au cinéma, pour faire vos courses…?

SÉBASTIEN: Moi, c'est 1. _____ ou le métro. Je n'ai pas de 2. _____. Quelle est l'utilité d'une voiture à Paris, quand 3. _____ en commun marchent si bien? L'été, je vais au travail à pied; 20, 25 minutes me permettent de garder 4. _____. L'hiver, c'est le métro ou 5. _____. J'aime bien le bus; je regarde les gens. C'est vraiment 6. _____.

📢 **07-05** **Didier et la voiture.** Listen once more to the radio broadcast **Voix francophones au présent: On parle de transports** in which Didier discusses how he uses his car. Fill in the missing words.

DAHLILA: Didier, comment est-ce que vous vous déplacez quand vous partez 1. _____ avec la famille?

DIDIER: Je suis concessionnaire Audi et je conduis une belle A8, très 2. _____ pour toute la famille. Alors, quand on va en vacances, on prend 3. _____. Parfois on prend 4. _____, mais en famille, c'est un peu 5. _____, même si on réserve à l'avance. Autrement, si on part plus loin, c'est 6. _____.

Les moyens de transport en France

📢 **07-06** **Les transports en France.** What methods of transportation are available in France? Listen to the description and select the answer that best completes each sentence.

1. Quand on est dans une ville française, on peut prendre
   a. l'autocar, le TGV ou l'avion.
   b. le métro, l'autobus ou le taxi.
   c. le taxi, l'avion ou le métro.

2. A Paris, si vous voulez éviter le métro, il y a
   a. le batobus.
   b. l'autocar.
   c. le TGV.

3. Quand vous vous déplacez d'une ville à l'autre, vous pouvez prendre
   a. le taxi.
   b. le batobus.
   c. le TGV.

4. Et quand le trajet est au delà de 1000 km, il est préférable de prendre
   a. le TGV.
   b. l'avion.
   c. le métro.

Pour bien communiquer: Ce que j'ai fait en vacances

07-07 **Mes vacances.** Look at the pictures of vacation activities and match each one with the statement that best describes it.

1.  _____

2.  _____

3.  _____

4.  _____

5.  _____

a. Nous, on a discuté avec des amis. On a parlé de politique.

b. Il faisait beau, alors on a fait des randonnées à vélo.

c. Pendant mes vacances, j'ai lu un bon roman sur une chaise longue.

d. J'ai bronzé sur la plage toute la journée.

e. On n'a rien fait. On a joué aux cartes.

Pour bien prononcer: The letters *ê*, *è*, and *e*

07-08 **Les lettres: e, ê et è.** Read each sentence below, and give your pronunciation orally. Be careful to pronounce either the vowel sound in the words **mère** and **père** or the vowel sound in the words **le** and **ce**.

1. J'ach**è**te c**e** billet de deuxi**è**me classe pour mon fr**è**re.

2. Elle préf**è**re l**e** voyage en avion m**ê**me quand elle va à Gen**è**ve.

3. La A8 est tr**è**s confortable pour l**e** voyage en famille.

4. Hél**è**ne **ai**me voyager avec sa grand-m**è**re.

 07-09 **Quelle voyelle?** Listen to the following sentences and decide which vowel sound is pronounced: the vowel in the word **mère** (answer M) or the vowel in the word **le** (answer L).

Tu aimes 1. _____ voyager en première 2. _____ classe?

Je préfère 3. _____ prendre le 4. _____ bus ou le métro.

Nous avons passé une journée entière 5. _____ dans ce 6. _____ train.

Comment dire?

Tense use with *depuis, pendant,* and *il y a*

07-10 **Le bon mot.** Read the following statements and decide which of the three alternatives best describes the situation.

1. Aminata et son amie Nadia sont sorties pour faire des courses cet après-midi. Ça fait une heure qu'elles sont rentrées.
   a. Elles sont sorties il y a une heure.
   b. Elles sont rentrées il y a une heure.
   c. Elles sont sorties pendant une heure.

2. Sébastien est allé à Chicago. Il est resté deux semaines là-bas.
   a. Sébastien a séjourné à Chicago pendant deux semaines.
   b. Sébastien est allé à Chicago il y a deux semaines.
   c. Sébastien est à Chicago depuis deux semaines.

3. Chloë est allée en vacances en Arizona. Elle est revenue la semaine dernière.
   a. Chloë est revenue il y a une semaine.
   b. Chloë est allée en Arizona pendant une semaine.
   c. Chloë est allée en vacances il y a une semaine.

4. Dans sa jeunesse Françoise a voyagé en Suisse. Dix ans ont passé!
   a. Françoise a voyagé en Suisse pendant dix ans.
   b. Françoise est rentrée de Suisse depuis un an.
   c. Françoise a voyagé en Suisse il y a dix ans.

5. Noah a travaillé à Chicago de 2001 jusqu'en 2003.
   a. Noah a travaillé à Chicago pendant deux ans.
   b. Noah travaille à Chicago depuis 2001.
   c. Noah a travaillé à Chicago il y a 2 ans.

6. Emilie et Sélim sont allés à Nice. Ils sont rentrés le mois dernier.
   a. Ils ont voyagé pendant un mois.
   b. Ils sont rentrés depuis un mois.
   c. Ils ont voyagé en France il y a un mois.

07-11 Ce qu'ils ont fait. Read the following statements, then write complete sentences to describe what happened. Use **depuis, pendant,** or **il y a**.

Modèle: Amy a fait un séjour d'études en France en juin et juillet.
              Amy a fait un séjour d'études en France pendant deux mois.

1. Georges a travaillé à Hong Kong de janvier jusqu'en juin.

   _____

2. Sébastien est allé à Paris pour faire un stage. Il est rentré la semaine dernière.

   _____

3. Nous avons voyagé ensemble aux Etats-Unis. Cinq ans ont passé!

   _____

4. Amy est sortie faire des achats. Ça fait une heure qu'elle est rentrée.

   _____

5. Je voyage en France ces jours-ci. Je suis parti le mois dernier.

   _____

6. J'ai voyagé cette année. Je suis rentré le mois dernier.

The *imparfait*

07-12 L'imparfait. People often reminisce about things they did in the past. Complete the following sentences with the correct form of the verb in the **imparfait**.

1. J'_____ (être) étudiant(e) pendant ce temps-là.

2. Elle _____ (travailler) pour une grande compagnie.

3. Nous _____ (avoir) beaucoup d'amis.

4. Vous _____ (aller) au café l'après-midi?

5. Ils _____ (manger) souvent au restaurant.

6. Tu n'_____ (avoir) pas de voiture; tu _____ (attendre) l'autobus souvent.

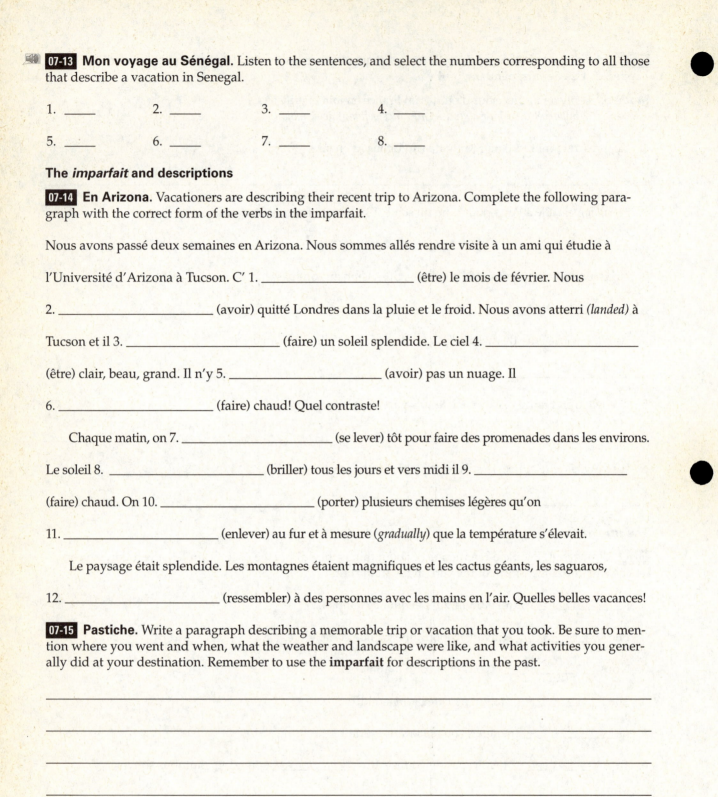

07-13 **Mon voyage au Sénégal.** Listen to the sentences, and select the numbers corresponding to all those that describe a vacation in Senegal.

1. _____   2. _____   3. _____   4. _____

5. _____   6. _____   7. _____   8. _____

The *imparfait* and descriptions

07-14 **En Arizona.** Vacationers are describing their recent trip to Arizona. Complete the following paragraph with the correct form of the verbs in the imparfait.

Nous avons passé deux semaines en Arizona. Nous sommes allés rendre visite à un ami qui étudie à

l'Université d'Arizona à Tucson. C' 1. _____ (être) le mois de février. Nous

2. _____ (avoir) quitté Londres dans la pluie et le froid. Nous avons atterri (*landed*) à

Tucson et il 3. _____ (faire) un soleil splendide. Le ciel 4. _____

(être) clair, beau, grand. Il n'y 5. _____ (avoir) pas un nuage. Il

6. _____ (faire) chaud! Quel contraste!

  Chaque matin, on 7. _____ (se lever) tôt pour faire des promenades dans les environs.

Le soleil 8. _____ (briller) tous les jours et vers midi il 9. _____

(faire) chaud. On 10. _____ (porter) plusieurs chemises légères qu'on

11. _____ (enlever) au fur et à mesure (*gradually*) que la température s'élevait.

  Le paysage était splendide. Les montagnes étaient magnifiques et les cactus géants, les saguaros,

12. _____ (ressembler) à des personnes avec les mains en l'air. Quelles belles vacances!

07-15 **Pastiche.** Write a paragraph describing a memorable trip or vacation that you took. Be sure to mention where you went and when, what the weather and landscape were like, and what activities you generally did at your destination. Remember to use the **imparfait** for descriptions in the past.

_____

_____

_____

_____

_____

Travail d'ensemble

07-16 **Mon voyage et les transports.** Imagine a vacation that involved several means of transportation. Tell about each of the legs of the trip and what transportation you took. Remember to use the **imparfait** when you are describing events in the past.

Pour aller plus loin

Dionwar, un village perdu dans le temps

07-17 **Détails du voyage.** Nicole and Martin were looking for an unusual travel experience, so they went to Dionwar in the Saloum. What are the details of their trip? Review the text **Dionwar, un village perdu dans le temps** (p. 214) in your textbook and match each phrase with the item that provides the correct answer.

1. Pour aller à Dionwar _____   a. un écosystème très riche

2. Durée du voyage en pirogue _____   b. un village de pêcheurs

3. Pour aller à Ndangane _____   c. une pirogue avec guide

4. Dionwar _____   d. un autobus

5. Le Saloum _____   e. deux heures

6. La plus forte impression _____   f. la gentillesse des villageois

07-18 **Le voyage de Nicole et Martin.** Listen to Nicole's account of the trip to Dionwar, then complete the description of the trip with the missing words.

Les préparatifs pour le voyage ont été assez faciles: Nous sommes allés à Ndangane

1. _____ et ensuite nous avons réservé 2. _____ avec guide pour

la journée du lendemain. Le voyage jusqu'à Dionwar a pris des heures car la pirogue ne pouvait pas aller

vite dans 3. _____. Le Saloum est l'écosystème le plus riche d'Afrique. La diversité de

la faune y est remarquable.

   Arrivés à Dionwar, nous avons été enchantés par ce village de pêcheurs. Ni routes, ni voitures, juste

quelques 4. _____, Henri Lebrun avait raison. Un petit 5. _____

et quelques baobabs complètent la scène idyllique. Mais c'est la gentillesse des villageois et leur accueil

6. _____ qui nous ont impressionnés le plus. Dionwar est vraiment un village perdu

dans le temps.

La 2CV (La deux chevaux)

07-19 **La toute petite voiture.** Review the text **La 2CV (La deux chevaux)** (p. 215) in your textbook and indicate whether the following statements are true (*Vrai*) or false (*Faux*).

1. La toute petite voiture devait atteindre une vitesse maximale de 60 km/h.   V   F

2. C'était une voiture fabriquée principalement pour les étudiants.   V   F

3. C'était une voiture pratique et universelle. On pouvait l'utiliser en ville et à
   la campagne.   V   F

4. On pouvait aussi l'utiliser pour aller en vacances ou bien pour un weekend en famille.   V   F

5. Elle était idéale aussi pour les longs voyages parce qu'elle avait un grand moteur.   V   F

6. Aujourd'hui elle est rare et on ne la voit presque pas sur les routes.   V   F

De Nouakchott à Dakar

07-20 **Le voyage à Dakar.** The trip from Nouakchott to Dakar involved many different modes of transportation. Listen to her description and select all the sentences that describe the trip.

_____ 1. Le voyage a duré une journée entière.

_____ 2. Nous sommes allés de Nouakchott à Rosso en bus.

_____ 3. Ensuite, quand nous sommes arrivés au fleuve Sénégal, nous avons traversé en pirogue.

_____ 4. L'étape suivante était en bus.

_____ 5. Nous sommes finalement arrivés à Dakar le lendemain.

_____ 6. Nous avons passé une nuit à l'hôtel.

_____ 7. Nous avons loué une deuche.

_____ 8. Finalement, nous avons pris un avion.

07-21 **Un voyage intéressant.** The description of the trip from Nouakchott to Dakar includes several verbs in the **imparfait**. Complete the paragraph with the correct **imparfait** of the verbs given.

Il y a bien sûr des vols entre Nouakchott et Dakar. Mais nous, on 1. _____ (vouloir)

faire autrement. C' 2. _____ (être) après tout, un voyage de découverte. On voulait

voyager en voiture et voir du pays.

    Le voyage a duré une journée et 3. _____ (avoir) plusieurs étapes. La première, de

Nouakchott à Rosso, on l'a faite en taxi-brousse. Nous 4. _____ (être) serrés dans la

Toyota pendant la traversée du désert.

Nous sommes arrivés à Rosso. Le taxi-brousse n' 5. _____ (aller) pas plus loin.

Notre deuxième étape, la traversée du fleuve Sénégal, nous 6. _____ (aller) la faire en

pirogue. Quel voyage!

Pour bien communiquer: Opinions de voyage

07-22 **Expériences de voyage.** Some travel experiences do not turn out as expected. Select an appropriate expression according to whether the experience was positive or negative.

1. Nous avons beaucoup aimé notre voyage au Sénégal.
   a. Nous sommes épatés par notre expérience.   b. Nous ne savons pas quoi penser du voyage.

2. Mon voyage à Paris était un grand succès.
   a. Tout laissait à désirer.   b. J'ai beaucoup appris pendant mon séjour.

3. Il y a eu des hauts et des bas pendant notre séjour à New York.
   a. C'était moyen comme expérience.   b. Nous sommes épatés par notre séjour.

4. Mon expérience était très inégale.
   a. Je ne sais pas quoi penser.   b. Quel voyage infect!

5. Nous n'avons pas aimé notre séjour.
   a. Un voyage magnifique!   b. C'était un voyage gâché.

6. Tout laissait à désirer.
   a. Le logement, les transports étaient mauvais.   b. Nous nous sommes beaucoup amusés pendant les vacances.

07-23 **Mon voyage.** Describe each travel experience by writing a sentence in the first person, according to the descriptions given. Was it a good experience, a so-so experience, or a bad experience? Use expressions from **Pour bien communiquer: Opinions de voyage**.

Modèle: Notre voyage en France était superbe. Nous avons trouvé l'hôtel très confortable et les activités touristiques étaient bien animées.
Nous étions enchantés par notre expérience.

1. Pendant ce voyage, l'avion avait du retard, notre chambre était trop petite et la nourriture était très mauvaise.

_____

2. Ce voyage n'était pas des meilleurs. Il y avait de bons aspects et aussi de mauvais aspects.

_____

3. Ce voyage était très réussi. Nous avons passé beaucoup de moments agréables.

_____

Comment dire?

The *imparfait* and the *passé composé*

07-24 **Une rencontre.** Choose the correct tense of the verb (**passé composé** or **imparfait**) according to the context in the following sentences.

1. La semaine dernière nous [avons voyagé / voyagions] à Paris pour un voyage d'affaires.

2. Il [a plu / pleuvait] tout le temps. C'est normal pour le mois d'avril.

3. Un jour, nous [sommes allés / allions] à Versailles.

4. Nous y [avons rencontré / rencontrions] un jeune homme.

5. Il [a été / était] grand et très beau.

6. Il disait qu'il [a été / était] descendant du tzar.

7. Nous [avons pris / prenions] un café avec lui.

8. Et ensuite, il [est parti / partait]. Nous ne l'avons plus revu.

07-25 **Quel temps employer?** Complete the following sentences with the correct form of the verbs. Use the **passé composé** or the **imparfait** according to the context.

1. Il _____ (faire) très beau et les montagnes _____ (être) magnifiques.

2. Je _____ (aller) en vacances avec ma famille en août.

3. Chaque année à Noël, nous _____ (rendre) visite aux grands-parents.

4. Vous _____ (retourner) au travail après trois semaines de vacances.

5. Le jeune homme _____ (être) assez timide, mais tout le monde le _____ (trouver) très aimable.

6. Je/J' _____ (rencontrer) beaucoup de gens et je me _____ (amuser).

The verb *venir* and verbs like *venir*

07-26 **Le verbe *venir* au présent.** Complete the following sentences with the correct form of the verb **venir** in the present tense.

1. Aminata, tu _____ du Sénégal?

2. Est-ce qu'elles _____ au cinéma avec nous?

3. Nous _____ avec vous.

4. Oh, oui, Sébastien, il _____ à six heures avec son ami.

5. Amy, je vois que vous _____ de terminer un long voyage.

6. Je ne peux pas participer parce que je _____ de commencer mon travail.

07-27 **Tenir ou devenir?** According to the context, complete the sentences with the correct form of the verbs **devenir, revenir, tenir,** or **tenir à**.

1. Aminata et moi, nous sommes allés en voyage au Sénégal. Nous _____ à Paris hier.

2. Sébastien a étudié pendant trois ans, il a réussi ses examens et maintenant il _____ graphiste.

3. Je vous remercie pour tout ce que vous avez fait pour moi. Je _____ vous donner ce cadeau.

4. Quand nous voyageons à l'étranger, nous faisons très attention et nous _____ nos valises (*suitcases*) très fort.

5. Ça fait longtemps qu'on ne s'est pas vu. Qu'est-ce que tu _____?

6. Chloë est allée faire une course et elle _____ avant cinq heures.

The verbs *sortir, partir, dormir,* and *voir*

07-28 **Phrases à compléter.** Complete the following sentences with an appropriate form of the verbs **sortir, partir, dormir,** or **voir**.

1. Est-ce que vous _____ (voir) les Pyramides pendant votre voyage?

2. Aminata _____ (partir) pour le Sénégal la semaine dernière.

3. Nous _____ (voir) le dernier film de Patrice Chéreau la semaine dernière.

4. Chloë et Sébastien _____ (sortir) pour danser.

5. Vous _____ (voir) ce panorama? Il est splendide.

6. Je n' _____ (dormir) de la nuit. Je suis fatigué.

07-29 **A vous.** Answer the questions you hear in complete sentences, providing personal information or opinion.

1. _____

2. _____

3. _____

4. _____

5. _____

6. _____

Travail d'ensemble

07-30 **Mon voyage.** Write an email of 4–5 sentences telling a friend about a trip you took recently. Tell him or her what means of transportation you used, how long it took to get there, what you did when you got there, and how you got back.

_____

_____

_____

_____

_____

A la découverte

Petit tour d'horizon

07-31 **Les Touaregs.** Review **L'Afrique de l'Ouest et le pays touarègue** (p. 224) in your textbook and indicate whether the following statements are true (*Vrai*) or false (*Faux*).

1. *Touâreg* est un nom arabe.   V   F

2. Le nom que les Touaregs se donnent est lié à la région dont ils sont originaires.   V   F

3. Seules la langue et l'écriture définissent les Touaregs.   V   F

4. Les Touaregs sont polygames, ils peuvent avoir plusieurs épouses.   V   F

5. L'élevage utilisée par les Touaregs pour dire «se marier» se traduit littéralement
   par «dresser la tente».   V   F

6. Quand un homme et une femme divorcent, l'homme garde tout et la femme n'a rien. V   F

07-32 **Une société en évolution.** Review **L'Afrique de l'Ouest et le pays touarègue** (p. 224) in your textbook and indicate whether the following statements are true (*Vrai*) or false (*Faux*).

1. L'organisation socio-politique touarègue a évolué, elle n'est plus la même aujourd'hui
   qu'il y a plusieurs siècles.   V   F

2. L'organisation socio-politique touarègue aujourd'hui est stricte et inflexible.   V   F

3. Le commerce caravanier est en train de disparaître.   V   F

4. Les camions remplacent petit à petit les dromadaires.   V   F

5. L'élevage continue d'être l'activité principale des Touaregs.   V   F

6. Aujourd'hui les Touaregs ne sont plus entièrement nomades.   V   F

07-33 **Langue et écriture.** Review the poem **Le tifinagh** (p. 225) in your textbook and complete each sentence below by selecting the correct answer.

1. Le tifinagh va [de droite à gauche / de gauche à droite].

2. Le tifinagh est fait de [bâtons, croix, cercles et points / bâtons, cercles, cœurs et points]

3. Le tifinagh [est / n'est pas] représentatif du mode de vie touarègue.

07-34 **Comparaisons.** Review the poem **Le tifinagh** (p. 225) in your textbook. Then match each **tifinagh** writing character with the corresponding aspect of the Touaregs' nomadic lifestyle, based on the comparisons Dassine Oult Yemma makes.

1. les bâtons _____   a. les directions à suivre, droite ou gauche

2. les points _____   b. l'horizon

3. les croix _____   c. les jambes d'hommes et d'animaux

4. les cercles _____   d. les étoiles

Point d'intérêt

07-35 **Les Français et le tourisme solidaire.** Read the text below and select the answer that best completes each of the sentences that follow.

Les Français connaissent-ils le tourisme solidaire? Un sondage récent a posé la question à 600 Français âgés de plus de 18 ans. Le but de ce sondage: estimer si les Français connaissent ce type de tourisme mieux aujourd'hui qu'il y a trois ans, faire un inventaire des idées reçues et des attentes, et voir comment la promotion de ce genre de tourisme doit se faire.

En trois ans, il y a eu certainement des changements. Aujourd'hui, 59% des Français disent connaître ce que c'est que le tourisme solidaire contre 27% trois ans plus tôt et 87% d'entre eux associent ce type de tourisme au respect du patrimoine et de la culture du pays et 76% au respect de l'environnement et des populations.

De nombreuses idées reçues persistent encore. Tout d'abord, presque 50% des voyageurs français continuent de penser qu'un voyage solidaire est plus cher qu'un autre à niveau de prestations égales, et 44% d'entre eux estiment que le confort dans ce type de voyage reste rudimentaire.

Les Français sont-ils alors prêts à faire le pas et partir en voyage solidaire? 16% d'entre eux disent être déjà partis en voyage solidaire et 80% de ceux qui disent connaître ce genre de voyage sont prêts à le faire. Leurs raisons pour hésiter à se lancer? En premier, la communication. 90% des sondés disent ne pas être suffisamment informés. En second, l'offre, qui, disent-ils, n'est pas facile à trouver. En général, ce genre de voyage attire surtout les moins de 35 ans.

1. Aujourd'hui, [plus / moins] de Français déclarent connaître le tourisme solidaire qu'il y a trois ans.

2. Une majorité de Français [associent / n'associent pas] le tourisme solidaire avec le respect des populations et de leurs cultures.

3. [Plus de / Moins de] la moitié des Français associent le tourisme solidaire avec un coût plus cher et un confort rudimentaire.

4. Un [petit / grand] nombre de Français ont déjà participé à un voyage solidaire.

5. Les Français disent que l'information sur le tourisme solidaire et l'offre de voyages de ce genre sont [abondantes / limitées].

07-36 **Les barrières au tourisme solidaire.** Review the text **Les Français et le tourisme solidaire** and indicate in French four main reasons why the French may not have yet participated in sustainable tourism.

1. _____

2. _____

3. _____

4. _____

07-37 **Un circuit au Mali.** Review **Destination Mali** (p. 229) in your textbook and indicate whether the following statements are true (*Vrai*) or false (*Faux*).

1. Les voyageurs passent une journée à Gao à l'arrivée.   V   F

2. La randonnée chamelière dans le désert dure cinq jours.   V   F

3. Le circuit au Mali est considéré difficile par les organisateurs.   V   F

4. Les enfants âgés de plus de dix ans peuvent participer à ce circuit.   V   F

5. Le circuit se déroule dans le Sud du pays.   V   F

6. Le billet d'avion est compris dans le prix du circuit.   V   F

07-38 **Termes de voyage.** Review **Destination Mali** (p. 229) in your textbook and match each word with its correct description.

1. Campement temporaire _____   a. un fleuve

2. Bateau à fond plat _____   b. une caravane

3. Endroit pour s'approvisionner en eau _____   c. une pirogue

4. Type de pierre _____   d. un bivouac

5. Groupe de personnes, animaux ou véhicules   e. un puits

   voyageant ensemble à travers le désert _____   f. un silex

6. Type de rivière _____

 07-39 **Deux voyageurs bien différents.** Listen to Sébastien and Tinh, two guests on **Voix francophones au Présent** who talk about the trips they took and their favorite means of transportation when they travel. Then indicate whether the statements below are true (*Vrai*) or false (*Faux*).

1. Sébastien voyage plus souvent depuis qu'il réside en France.   V   F

2. Sébastien préfère voyager en avion.   V   F

3. Sébastien aime pouvoir être en contact avec les populations locales.   V   F

4. Sébastien part toujours en voyage avec le guide *Lonely Planet* dans sa poche. V   F

5. Sébastien pense que les voyages sont formateurs.   V   F

6. Tinh aime bien rester en France.   V   F

7. Tinh n'aime aucun moyen de transport.   V   F

8. Avant de partir en voyage, Tinh est toujours malade.   V   F

9. Tinh a apprécié son séjour à Los Angeles.   V   F

10. A Hue, Tinh a beaucoup marché.   V   F

07-40 **Les voyages forment la jeunesse.** There are many famous quotes about traveling; here are a few. Determine what the central idea of each of these quotes is, and select the correct answer:

> a. education
>
> b. knowledge of oneself
>
> c. substitute for a poor imagination

1. **Saint Augustin (philosophe):** «Le monde est un livre et ceux qui ne voyagent pas ne lisent qu'une page.»
   a   b   c

2. **Nicolas Bouvier (voyageur, écrivain, photographe):** «Certains pensent qu'ils font un voyage; en fait c'est le voyage qui vous fait ou vous défait.»
   a   b   c

3. **Colette (écrivaine):** «Le voyage n'est nécessaire qu'aux imaginations courtes.»
   a   b   c

4. **Benjamin Disraeli (écrivain, premier ministre anglais):** «Le voyage apprend la tolérance.»
   a   b   c

5. **Jean Dutourd (écrivain):** «Les voyages, comme les belles femmes, sont faits pour les hommes sans imagination.»
   a   b   c

6. **Jean Grenier (écrivain):** «On peut voyager non pour se fuir, chose impossible, mais pour se trouver.»
   a   b   c

7. **Montaigne (écrivain):** «Il faut voyager pour frotter et limer sa cervelle (*brain*) à celle d'autrui.»
   a   b   c

8. **Proverbe foulfoulé:** «Si tu n'as pas étudié, voyage.»
   a   b   c

Travail d'ensemble

07-41 **Ma définition du voyage.** Give a few sentences orally in French describing what traveling means to you.

A votre tour

Zoom sur…

07-42 **Formule Vacances.** Read the various travel options proposed by *Découvertes Burkinabées*, a sustainable tourism association in Burkina Faso, and then indicate whether the statements below are true (*Vrai*) or false (*Faux*).

Découvertes Burkinabées Voyage solidaire au Burkina Faso					
Formule 1	Formule 2 Visites	Formule 3 Culture	Formule 4 Jeunes	Formule 5 Pédagogique	Formule 6 Séjour "à la carte"
Hébergement et restauration seuls	Pension complète 7j.	Pension complète 7j.	Pension complète 7j.	Pension complète 7j.	Construisez vous même votre voyage en choisissant la durée de votre séjour et les prestations parmi toutes celles données dans le tableau
Transfert Ouagadougou à Doudou	Transfert Ouagadougou à Doudou	Transfert Ouagadougou à Doudou	Transfert Ouagadougou à Doudou	Transfert Ouagadougou à Doudou	
Case individuelle, demi-pension	Visite de courtoisie à la chefferie	Visite de courtoisie à la chefferie	Visite d'une fabrique d'instruments de musique	Conférence sur l'art des masques burkinabé	
	Visite du marché de Koukouldi et de Ténado	Visite du marché de Koukouldi et de Ténado	Atelier 1 au choix*	Deux jours complets chez l'habitant	
	Balade à cheval ou à pied	Atelier 1 au choix*	Balade à cheval	Atelier 1 au choix*	
	Demi-journée de pêche en pirogue sur le fleuve Mouhoun	Conférence sur les arts des maîtres bronziers à la cire perdue de Koudougou	Festival des Nuits Atypiques de Koudougou	Demi-journée de pêche en pirogue sur le fleuve Mouhoun	
	Visite des forges de Batendo	Atelier 2 au choix*	Atelier 2 au choix*	Rencontre de nos partenaires de développement	
	Visite des pics de Sindou	Visite des pics de Sindou	Tournoi de football franco-burkinabé	Atelier 2 au choix*	
	Visite de Nianssogoni et des maisons troglodytes	Visite de Nianssogoni et des maisons troglodytes	Travaux dans les champs avec les jeunes du village	Micro-chantier d'aide au développement	

(Continued)

Formule 1	Formule 2	Formule 3	Formule 4	Formule 5	Formule 6
					Séjour "à la carte"
	Visites	Culture	Jeunes	Pédagogique	
	Spectacle de percussions et danses	Spectacle de percussions et danses	Spectacle de percussions et danses	Spectacle de percussions et danses	
	Transfert de Doudou à Ouagadougou, visite libre de la ville	Transfert de Doudou à Ouagadougou, visite libre de la ville	Transfert de Doudou à Ouagadougou, visite libre de la ville	Transfert de Doudou à Ouagadougou, visite libre de la ville	
Transfert à l'aéroport et retour en France	Transfert à l'aéroport et retour en France	Transfert à l'aéroport et retour en France	Transfert à l'aéroport et retour en France	Transfert à l'aéroport et retour en France	

Découvertes Burkinabées
Voyage solidaire au Burkina Faso

*Nos ateliers: percussions (Djembé), cuisine, peinture, sculpture de masques sur bois, découverte de la flore et faune locales
Pour réserver, allez sur notre site Web:
www.decouvertesburkinabees.fr
Nous regrettons de ne pas pouvoir offrir l'accès à Internet à notre clientèle.

1. Un transfert de/à l'aéroport est inclu dans toutes les formules.   V   F

2. La formule qui offre le plus d'activités musicales et sportives est la formule 4.   V   F

3. Toutes les formules offrent la pension complète.   V   F

4. La formule 5 offre de nombreuses visites et excursions.   V   F

5. Toutes les formules comprennent au moins deux ateliers.   V   F

6. La formule 5 permet de participer à des activités d'aide au développement.   V   F

7. Les formules 2 et 3 ont de nombreuses activités en commun.   V   F

8. La formule 6 offre plus de flexibilité que les autres formules.   V   F

07-43 **Profils touristiques.** Each statement below describes a request by a person interested in participating in sustainable tourism. Read the various travel options proposed by *Découvertes Burkinabées* in **07-42** again, and indicate whether each request can be fulfilled. If it can be fulfilled, choose **Oui**, if it can't, choose **Non**.

1. Je veux partir en voyage solidaire au Sénégal.   Oui   Non

2. Je veux pouvoir être en demi-pension.   Oui   Non

3. Je veux pouvoir faire des excursions.   Oui   Non

4. Je veux avoir une chambre seule.   Oui   Non

5. Je veux pouvoir suivre des cours de poterie.   Oui   Non

6. Je veux pouvoir réserver par Internet.   Oui   Non

7. Je veux pouvoir consulter mes e-mails gratuitement.   Oui   Non

8. Je veux choisir le nombre de jours pour mon séjour.   Oui   Non

9. Je veux faire des balades en mer.   Oui   Non

10. Je veux apprendre des techniques agricoles locales.   Oui   Non

07-44 **A la carte.** Review *Découvertes Burkinabées*, focusing on the variety of activities it offers to travelers. Write the corresponding activities in each category.

1. Activités sportives:

_____.

_____.

2. Visites et excursions:

_____.

_____.

3. Conférences pédagogiques:

_____.

_____.

4. Ateliers et cours:

_____.

_____.

07-45 **La formule pour qui?** Three people left a message on the voicemail of the association *Découvertes Burkinabées*. Read the text again and indicate which formula is best adapted for each customer.

1. Formule conseillée: _____

2. Formule conseillée: _____

3. Formule conseillée: _____

Intégration

07-46 **Formule sur mesure.** *Découvertes Burkinabées* proposes an "à la carte" option to meet the needs of more people. Read the two quotes proposed below and indicate whether each statement relates to Quote 1, Quote 2, or both Quotes 1 and 2.

	VOTRE DEVIS
Durée du séjour	7
Nb d'adultes	1
Nb d'enfants de + 10ans	2
Nb d'enfants de – 10ans	0
Formule	Pension complète
1 pers/ch pour (adulte, +10 ans, –10ans)	0-0-0
2 pers/ch pour (adulte, +10 ans, –10ans)	0-0-0
3 pers/ch pour (adulte, +10 ans, –10ans)	1-2-0
Montant de l'hébergement	
Mode d'hébergement: 1 pers/ch	0 FCFA (0 €)
Mode d'hébergement: 2 pers/ch	0 FCFA (0 €)
Mode d'hébergement: 3 pers/ch	208.000 FCFA (323.57 €)
Montant total de l'hébergement	208.000 FCFA (323.57 €)

Nom: _____ Date: _____

Prestations	Nb Personnes	Montant
Transfert Ouagadougou à Doudou	3	26.000 FCFA (40.45 €)
Demi-journée de pêche en pirogue sur le fleuve Mouhoun	3	47.200 FCFA (73.42 €)
Visite d'une fabrique d'instruments de musique	3	14.800 FCFA (23.02 €)
Spectacle de percussions et danses	3	53.100 FCFA (82.60 €)
Conférence sur les arts des maîtres bronziers à la cire perdue de Koudougou	3	47.200 FCFA (73.42 €)
Festival des Nuits Atypiques de Koudougou	3	76.700 FCFA (119.31 €)
Atelier de djembé	3	76.700 FCFA (119.31 €)
Découverte flore et faune locales	3	30.700 FCFA (47.76 €)
Nuit et petit déjeuner à Ouagadougou	3	30.100 FCFA (46.86 €)
Transfert à l'aéroport et retour en France	3	4.200 FCFA (6.53 €)
Montant total des prestations		406.700 FCFA (632.66 €)
Montant total: Hébergement et Prestations		**614.700 FCFA (956.23 €)**

	VOTRE DEVIS
Durée du séjour	7
Nb d'adultes	2
Nb d'enfants de + 10ans	1
Nb d'enfants de – 10ans	0
Formule	Pension complète
1 pers/ch pour (adulte, +10 ans, –10ans)	0-0-0
2 pers/ch pour (adulte, +10 ans, –10ans)	0-0-0
3 pers/ch pour (adulte, +10 ans, –10ans)	2-1-0
Montant de l'hébergement	
Mode d'hébergement: 1 pers/ch	0 FCFA (0 €)
Mode d'hébergement: 2 pers/ch	0 FCFA (0 €)
Mode d'hébergement: 3 pers/ch	260.000 FCFA (404.46 €)
Montant total de l'hébergement	260.000 FCFA (404.46 €)

Prestations	Nb Personnes	Montant
Transfert Ouagadougou à Doudou	3	26.000 FCFA (40.45 €)
Balade à cheval	3	26.600 FCFA (41.38 €)
Deux jours complets chez l'habitant	3	194.200 FCFA (302.10 €)
Demi-journée de pêche en pirogue sur le fleuve Mouhoun	3	47.200 FCFA (73.42 €)
Tournoi de football franco-burkinabé	3	5.400 FCFA (8.40 €)
Nuit et petit déjeuner à Ouagadougou	3	30.100 FCFA (46.86 €)
Transfert à l'aéroport et retour en France	3	4.200 FCFA (6.53 €)
Montant total des prestations		333.100 FCFA (518.17 €)
Montant total: Hébergement et Prestations		**593.100 FCFA (922.63 €)**

1. Ils partent pour une semaine. devis 1 devis 2 devis 1 et 2

2. Ils sont trois au total. devis 1 devis 2 devis 1 et 2

3. Ils sont deux adultes et un enfant. devis 1 devis 2 devis 1 et 2

4. Ils aiment des vacances sportives. devis 1 devis 2 devis 1 et 2

5. Ils ont un cours de percussion. devis 1 devis 2 devis 1 et 2

6. Ils aiment des vacances éducatives. devis 1 devis 2 devis 1 et 2

7. Ils ne veulent qu'une chambre. devis 1 devis 2 devis 1 et 2

8. Ils sont en pension complète. devis 1 devis 2 devis 1 et 2

9. Ils participent à des activités de pêche. devis 1 devis 2 devis 1 et 2

10. Ils veulent partager quelques jours
    avec une famille locale. devis 1 devis 2 devis 1 et 2

07-47 **Un devis pour qui?** Based on the voicemail messages they left, decide who received the following quotes, Brigitte or Stéphane.

1. Devis 1: _____

Raisons de votre choix: _____

2. Devis 2: _____

Raisons de votre choix: _____

8 Quoi manger et où rester?

Pour commencer

Vidéo: Au marché

08-01 **Du saumon.** Emilie and Alexis are at the market to buy food for a dinner with their friends. Watch the video and select all the items you hear.

_____ 1. On va plutôt prendre des pavés de saumon.

_____ 2. Moi, je n'aime pas le poisson.

_____ 3. On va faire un repas pour six personnes.

_____ 4. On va prendre des crevettes avec.

_____ 5. Les crevettes du Golfe du Mexique.

_____ 6. Une vingtaine de crevettes…

08-02 **Qu'est-ce qui se passe?** Where are Emilie and Alexis? What are they doing there and what is happening? Watch the video clip once more, and decide whether the statements are true (*Vrai*) or false (*Faux*).

1. Emilie et Alexis sont à la poissonnerie. Ils veulent acheter du poisson et des
    crevettes pour un dîner.   V   F

2. Tout d'abord ils demandent du saumon.   V   F

3. Il faut 350 grammes de saumon par personne.   V   F

4. Donc, ils achètent 6 pavés de saumon.   V   F

5. Ensuite ils achètent une dizaine de crevettes.   V   F

6. Les crevettes viennent de Madagascar. Ce sont des gambas.   V   F

Nom: _____   Date: _____

Pour bien communiquer: Au marché

08-03 **Un sandwich.** Noah is hungry and is going to make a sandwich. Match the pictures with his recipe descriptions for **un sandwich au jambon**.

1.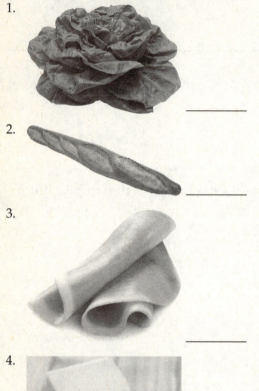

_____

2. _____

3. _____

4. _____

a. Pour commencer, je prends une demi-baguette que je tranche (*slice*) en deux.

b. Je tartine (*spread*) la baguette avec du beurre.

c. J'ajoute des tranches de jambon.

d. De temps en temps j'ajoute de la laitue.

Voix francophones au présent: Parler cuisine

08-04 **Miwana parle cuisine.** Listen once more to the radio broadcast **Voix francophones au présent: Parler cuisine** where Dahlila and Pierre discuss Polynesian cooking with Miwana. Select all the statements you hear.

_____ 1. [La cuisine polynésienne] est influencée par les Européens et les Asiatiques qui habitent en Polynésie.

_____ 2. Il n'y pas de déjeuner ou dîner sans boisson. On prend du vin à tous les repas.

_____ 3. On mange de la viande, surtout l'agneau et le bœuf.

_____ 4. Comme légumes, les Polynésiens mangent principalement des carottes et du céleri. On aime aussi les tomates.

_____ 5. Le poe est le dessert traditionnel polynésien.

_____ 6. On mange beaucoup de fromage et des gâteaux comme dessert.

Nom: _____   Date: _____

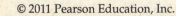 **08-05** **Qu'est-ce qu'elle dit?** Listen once more to the radio broadcast **Voix francophones au présent: Parler cuisine** and fill in the missing words in the conversation below.

DAHLILA: Pour beaucoup de Parisiens, la cuisine polynésienne reste un mystère. Qu'est-ce qui caractérise cette cuisine?

MIWANA: D'abord elle est influencée par les Européens et les Asiatiques qui habitent en Polynésie. Ces gens ont ajouté à 1. _____ leurs façons de préparer la nourriture et aussi 2. _____. Aujourd'hui la cuisine polynésienne est une cuisine nature composée de 3. _____ pleine de saveurs exotiques.

PIERRE: Est-ce qu'il y a un ingrédient toujours présent dans la cuisine polynésienne?

MIWANA: Oui, le poisson. Il n'y pas de 4. _____ ou dîner sans poisson. On mange le poisson de plusieurs façons: grillé, bouilli, ou mariné dans du jus 5. _____ avec du lait de coco, des tomates, des oignons et de l'ail.

DAHLILA: Quels types de poisson sont 6. _____?

MIWANA: Ben, tous les poissons locaux: 7. _____ , le mahi mahi, la bonite. 8. _____ sont très populaires aussi: le crabe, les chevrettes (ou crevettes, comme vous dites ici), et la langouste.

Les repas en France

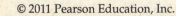 **08-06** **Les repas en France.** What do French meals consist of? Listen to the description and select the answer that best completes each sentence.

1. Le petit déjeuner français est assez simple; il y a
   a. des œufs, des toasts et du café.   b. du pain et du café au lait.   c. du vin et du fromage.

2. Les jeunes prennent souvent
   a. une part de pizza.   b. un café.   c. un apéritif au repas du midi.

3. Au goûter, il y a souvent pour les jeunes
   a. du vin.   b. une salade.   c. du pain et du chocolat.

4. Pour le dîner on mange souvent
   a. une tartine avec du beurre.   b. de la charcuterie.   c. un croissant.

Nom: _____   Date: _____

Pour bien communiquer: Commander un repas

08-07 **Les repas rapides.** Suggest a fast lunch for the following people. Complete each sentence by matching it with an appropriate choice of dish.

1. Moi, j'aime le pain et le jambon. Je commande _____.

2. Amy aime les salades, mais pas les salades vertes, elle prend _____.

3. Tinh aime les œufs. Il aimerait bien _____.

4. J'aime la viande, le steak, le poulet ou le rosbif. Je vais prendre _____.

5. Je voudrais un sandwich, mais sans viande. Apportez-moi _____.

a. un sandwich au jambon

b. une baguette avec du brie

c. une omelette

d. une salade de tomates

e. une baguette avec du rosbif

08-08 **Mon repas rapide.** Now write two sentences about the fast lunch you might have ordinarily. You may find the additional vocabulary below useful.

une part de pizza

un hamburger avec des frites

un bol de riz (*rice*) aux légumes

du poulet frit

un sandwich au salami

un sandwich au fromage

une salade verte

un bol de soupe et une salade

_____

_____

_____

_____

Pour bien prononcer: The letters *é, ez,* and *er*

08-09 **Les lettres: *é, ez* et *er*.** Read each sentence, and give your pronunciation orally. Be careful to pronounce the vowel written -**ez** and -**er** in the words **mangez** and **déjeuner**.

1. Pren**ez** un apéritif **et** d**es** canap**és** au saumon fum**é**.

2. Comme entr**ée**, je voudrais un plat de crudit**és et** du pât**é**.

3. Chlo**ë**, pren**ez** un pich**et** de vin ros**é** avec votre entr**ée**.

4. Apportez-moi du poisson grill**é** et des l**é**gumes.

08-10 Quelle voyelle? Read the following sentences and decide which vowel sound is pronounced. Write ER for the vowel written -ez and -er in the words **mangez** and **déjeuner** or ERE for the vowel in the words **mère** and **père**.

Vous avez un supermarché 1. _____ dans le troisième 2. _____ arrondissement, au

milieu de la communauté 3. _____ asiatique de Paris.

Tout ce que vous voulez 4. _____, vous allez trouver 5. _____ dans le

supermarché.

J'ai oublié de mentionner 6. _____ les brochettes 7. _____ de crevettes

8. _____.

Comment dire?

The partitive

08-11 Quel partitif? People are deciding what to have for dinner. Complete the following sentences by adding the appropriate partitive article.

1. Aminata prend _____ thon. Elle adore ça.

2. Nous commandons _____ gigot avec des pommes de terre.

3. Vous voulez _____ salade niçoise? Elle est très bonne.

4. Ils achètent souvent _____ chocolat.

5. Tu bois _____ eau minérale?

6. Elles veulent _____ tarte aux pommes.

08-12 Partitif ou non? Are the following people expressing likes, dislikes, or preferences, or are they requesting some, a part, or a portion of something? Complete the following sentences with either the partitive article or the definite article.

1. Je voudrais _____ carottes râpées dans ma salade.

2. Non, je déteste _____ salami.

3. Chloë voudrait _____ moutarde dans son sandwich.

4. Aminata et Dahlila préfèrent _____ vin blanc.

5. C'est ça. J'aime mieux _____ poisson que _____ bœuf.

6. Noah, tu veux _____ thon dans ta salade?

The partitive in negative constructions

08-13 **Non, pas pour moi.** Answer the following sentences in the negative, and be sure to follow the model.

Modèle: Georges, tu veux des anchois dans ta salade?
Non, je ne veux ___*pas d'*___ anchois. Je n'aime pas ___*les*___ anchois.

1. Les enfants, vous voulez des oignons verts dans vos sandwiches?

Non, nous ne voulons pas _____ oignons verts dans nos sandwiches. Nous n'aimons pas _____ oignons verts.

2. Madame, vous voulez de la mayonnaise avec vos frites?

Non, merci. Je ne veux pas _____ mayonnaise avec mes frites. Je n'aime pas _____ mayonnaise.

3. Prenez-vous du vin rouge avec votre plat?

Non, merci. Je ne prends pas _____ vin rouge avec mon plat. Je n'aime pas _____ vin rouge.

4. Voulez-vous du fromage comme dessert?

Non, merci. Je ne veux pas _____ fromage comme dessert. Je n'aime pas _____ fromage.

5. Chloë, tu veux des fruits de mer comme entrée?

Non, merci. Je ne veux pas _____ fruits de mer comme entrée. Je n'aime pas _____ fruits de mer.

6. Monsieur, voulez-vous de l'eau minérale comme boisson?

Non, merci. Je ne veux pas _____ eau minérale comme boisson. Je n'aime pas _____ eau minérale.

08-14 **Au restaurant.** Imagine that you are in a French restaurant. Answer the server's questions about courses with complete sentences giving your choices. You might also tell about the foods you don't like.

Modèle: *Comme entrée, je prends…*
Je ne veux pas… parce que je n'aime pas…

1. _____

2. _____

3. _____

4. _____

5. _____

The verb *boire*

08-15 **Ce qu'ils boivent.** Complete each sentence telling what people are ordering to drink. Use the correct forms of the verb **boire**.

1. Dahlila _____ du vin blanc avec son poisson.

2. Je _____ de l'eau minérale aujourd'hui.

3. Nous _____ du vin rouge.

4. Vous _____ du champagne avec le dessert?

5. Tu _____ du lait? Est-ce que tu es américain?

6. Sébastien _____ de la bière. C'est rafraîchissant!

Travail d'ensemble

08-16 **Notre déjeuner.** Imagine that you went to lunch with three other friends. Tell orally what each of you had to eat, including your beverage.

Pour aller plus loin

Deux hôtels en Polynésie

08-17 **En Polynésie.** Read the text **Deux hôtels en Polynésie** (p. 248) in your textbook and select all the statements that are expressed in the articles.

_____ 1. Les deux hôtels sont tout à fait équivalents.

_____ 2. Il y a des différences entre les deux hôtels. Ces différences se situent au niveau du confort et du luxe.

_____ 3. Les hôtels de catégorie deux étoiles sont les plus luxueux.

_____ 4. L'équipement et les services de l'hôtel de catégorie cinq étoiles sont plus nombreux.

_____ 5. Dans l'hôtel luxueux les chambres sont climatisées, il y a deux restaurants et l'équipement de sports nautiques est gratuit.

_____ 6. Le prix des chambres dans l'hôtel luxueux est beaucoup plus élevé.

08-18 **Souvenirs de Polynésie.** Imagine that you went to one of the two hotels described. Complete the sentences describing your stay and the experience you had. Remember to use the **passé composé** or the **imparfait** as appropriate.

1. Il y _____ (avoir) des bungalows sur pilotis à Bora Bora.

2. Tout le monde _____ (aller) à la piscine ce matin.

3. Nous _____ (prendre) le bateau pour faire une excursion dimanche.

4. A l'hôtel du Lagon le prix de la chambre _____ (comprendre) le déjeuner.

5. Il _____ (faire) très beau tous les jours.

6. Nous _____ (faire) de la planche à voile une après-midi.

Nom: _____   Date: _____

Les normes d'hôtels

08-19 **Un séjour d'affaires.** Listen to each statement, then select the answer that best completes the sentence.

1. Heureusement,
   a. il y avait un service d'Internet dans la chambre.   b. il y avait le téléphone.

2. J'étais heureux d'apprendre que
   a. le prix du petit déjeuner était compris.   b. l'hôtel n'avait pas de restaurant.

3. Le concierge nous a dit que / qu'
   a. cet hôtel était idéal pour faire des randonnées pédestres.   b. il y avait un sentier aménagé pour cela.

4. Le concierge a dit qu'
   a. une salle de réunion était disponible.   b. il y avait la télévision dans toutes les chambres.

5. Heureusement,
   a. il y avait la climatisation dans les chambres.   b. il y avait un ascenseur.

6. Le réceptionniste
   a. a suggéré d'aller à la salle de jacuzzi.   b. a dit qu'il y avait une aire de jeux pour les enfants à côté de l'hôtel.

08-20 **Mon voyage à Paris.** What amenities are likely to be offered in a Paris hotel? Listen to the statements and select the numbers of all those that describe a stay in a Paris hotel.

1. _____   5. _____

2. _____   6. _____

3. _____   7. _____

4. _____   8. _____

08-21 **Qu'est-ce qu'elle a dit?** Listen again to the sentences. What did the speaker say? Fill in the missing words according to the recording.

1. Nous avons passé trois jours dans un hôtel catégorie quatre _____.

2. Il y avait des bungalows sur _____.

3. Il y avait la _____ dans les chambres et au restaurant.

4. On faisait du ski _____ tous les jours.

5. Un jour, nous avons nagé dans une _____ couverte.

6. Il y avait des randonnées au centre de protection des tortues _____.

7. Nous avons pris un _____ pour aller au Louvre.

8. Le parachute ascensionnel était _____.

Compliments et plaintes

🔊 **08-22** **Compliments.** Listen to René's complimentary e-mail about his hotel stay at the Plaza and select the answer that best completes each sentence.

1. René pense que le Plaza est
   a. un hôtel superbe.   b. un hôtel médiocre.

2. Il a particulièrement aimé
   a. les salles de.   b. les buffets.

3. René trouve que le service est
   a. sympathique.   b. digne d'une plainte.

4. Il a beaucoup aimé le restaurant
   a. à cause de l'orchestre et de la piste de danse.   b. à cause du karaoké.

5. Il trouve que les chambres et tout le reste est mis en œuvre
   a. pour le bien-être du client.   b. pour le bénéfice de l'hôtel.

6. René croit que l'hôtel
   a. mérite ses étoiles.   b. ne vaut pas ses étoiles.

🔊 **08-23** **Plaintes.** Listen to Patrick's complaints about his hotel stay and select the answer that best completes each sentence.

1. Patrick se plaint du fait que/qu'
   a. son déjeuner était mauvais.   b. il n'y avait pas de climatisation.

2. Avant son départ, Patrick
   a. s'est adressé au réceptionniste au sujet de sa plainte.   b. a voulu parler au président de la compagnie.

3. Au début, le réceptionniste
   a. n'était pas du tout sympathique.   b. a corrigé l'erreur.

4. Que s'est-il passé?
   a. L'hôtel était complet au moment de la plainte de Patrick.   b. Le réceptionniste avait des problèmes personnels.

5. Le réceptionniste finalement
   a. a insulté Patrick.   b. a trouvé une chambre convenable.

6. Patrick pense que
   a. l'hôtel n'a pas bien réagi au problème.   b. l'hôtel est un bon hôtel quand même.

Pour bien communiquer: Faire des compliments ou exprimer une plainte

08-24 Faire des compliments. Select the appropriate expressions to give compliments about hotel facilities.

1. Nous avons beaucoup aimé notre séjour à l'hôtel.
   a. La chambre laissait à désirer.
   b. Tout était mis en œuvre pour le plaisir du client.

2. Mon séjour au Plaza était un grand succès.
   a. Le personnel était toujours souriant et sympathique.
   b. Nous avons souffert d'une climatisation défectueuse.

3. Les services de restauration étaient superbes pendant notre séjour à New York.
   a. Les plats étaient bien préparés.
   b. Il y avait des hauts et des bas dans le service.

4. Les animations étaient géniales.
   a. Le karaoké ne marchait pas.
   b. L'orchestre était splendide!

5. La piscine était bien organisée.
   a. Lits et parasols étaient à notre disposition!
   b. C'était inadmissible.

6. Quel séjour splendide!
   a. L'hôtel mérite bien ses étoiles.
   b. Nos vacances étaient gâchées.

08-25 Mon séjour. Imagine that you stayed at a hotel and had either positive or negative reactions. Give details about your experience, commenting on the service or the accommodations. Use expressions from **Pour bien communiquer: Faire des compliments ou exprimer une plainte,** and be sure to follow the model in your responses.

Modèle: Notre chambre au Plaza était splendide.
   Nous avions une belle chambre propre avec une vue splendide. Nous avons bien aimé notre séjour au Plaza.

1. Le service de restauration laissait à désirer.

_____

2. Les animations étaient géniales.

_____

3. Nous avons bien apprécié le service.

_____

Comment dire?

Expressing the future

08-26 **Bientôt.** People are on the verge of making travel decisions. Complete the sentences with the following verbs, using the immediate future.

1. Nous _____ (voyager) au Maroc pour un voyage d'affaires.

2. René _____ (choisir) une chambre de luxe dans un grand hôtel.

3. Nous _____ (nager) dans une piscine splendide.

4. Vous _____ (danser) au piano bar?

5. Elle _____ (se plaindre) du service auprès du réceptionniste.

6. Le réceptionniste _____ (trouver) une autre chambre.

7. Je t'assure que tu _____ (être) très satisfait(e) du service.

8. Nous _____ (revenir) ici l'année prochaine.

08-27 **Au futur.** The same people in activity 08-26 are going to be making travel decisions. This time, they are putting off the decisions until later. Complete the sentences using the future tense.

1. Nous _____ (voyager) au Maroc pour un voyage d'affaires.

2. René _____ (choisir) une chambre de luxe dans un grand hôtel.

3. Nous _____ (nager) dans une piscine splendide.

4. Vous _____ (danser) au piano bar?

5. Elle _____ (se plaindre) du service auprès du réceptionniste.

6. Le réceptionniste _____ (trouver) une autre chambre.

7. Je t'assure que tu _____ (être) très satisfait(e) du service.

8. Nous _____ (revenir) ici l'année prochaine.

Present, past, and future tenses

08-28 **Présent, passé, futur.** People are either making plans for the future or are telling about their vacations. Which is it? Complete the following questions or statements by selecting the correct answer according to the context.

1. Tu [a. as fait   b. feras] un voyage au Sénégal le mois dernier?

2. Est-ce qu'elles [a. viendront   b. sont venues] avec vous le mois prochain?

3. Nous [a. avons porté plainte   b. portons plainte] pendant notre voyage l'été dernier.

4. Notre chambre [a. ne sera pas   b. n'était pas] convenable.

5. Voici vos billets. Est-ce que vous [a. payiez   b. allez payer] ces billets avec une carte de crédit?

6. Je [a. commence   b. commençais] ce voyage demain.

08-29 **A vous.** Answer each of the following questions with personal information or opinion. Be careful to express yourself in the present, past, or future tense, according to the clues in the questions.

1. Quelle est votre spécialité académique?

_____

2. Quel genre de carrière envisagez-vous à l'avenir?

_____

3. Quel cours a été pour vous le plus utile?

_____

4. Qu'est-ce que vous comptez faire cet été? Où allez-vous passer l'été?

_____

5. Qu'est-ce que vous avez fait l'été dernier? Avez-vous travaillé?

_____

6. Quel est votre passe-temps favori? Qu'est-ce que vous aimez faire quand vous avez du temps libre?

_____

The relative pronouns *qui* and *que*

08-30 **Phrases à compléter.** What comments are the following people making about their travels? Complete the following sentences with the appropriate relative pronoun, **qui** or **que**.

1. Nous voulons visiter les endroits _____ nous avons vus dans le dépliant *(brochure)*.

2. J'aime beaucoup les gens _____ travaillent dans cet hôtel.

3. C'est un hôtel _____ offre un service excellent.

4. Nous avons fait les réservations _____ tu as demandées.

5. Je voyage avec une amie _____ je connais depuis longtemps.

6. J'ai une amie _____ est allée à Moorea en décembre.

08-31 **Phrases à joindre.** When you use relative pronouns, you can combine two sentences into one. Use the relative pronoun **qui** or **que** to join the following pairs of sentences.

Modèle: Tu as un copain.   Ton copain a voyagé à Tahiti.
              Tu as un copain qui a voyagé à Tahiti.

1. Je parle du personnel.   Le personnel est responsable du voyage.

_____

2. Je parle de la réclamation.   Tu veux faire une réclamation.

_____

3. J'aime beaucoup les voyages.   Nous avons fait des voyages.

_____

4. J'ai une amie.   Une amie est allée en France.

_____

5. J'ai une photo de la cathédrale.   J'ai visité cette cathédrale.

_____

6. Il a écrit une lettre aux gens.   Ces gens ont voyagé avec lui.

_____

Travail d'ensemble

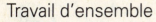 **Un séjour splendide.** Use the expressions below to write a paragraph about a stay in Polynesia. Your stay was wonderful, with one small exception. Describe your stay and the problem, ending your paragraph by saying whether you enjoyed your stay overall.

Expression bank

un voyage en Polynésie   la chambre avec vue splendide

le service très accueillant   les repas bien préparés et délicieux

les animations géniales   la piscine propre

les sports de mer bien organisés

Problems

une climatisation défectueuse   trop chaud ou trop froid

un problème technique

_____

_____

_____

_____

_____

_____

A la découverte

Petit tour d'horizon

08-33 **Les influences sur la cuisine antillaise.** Review the text **Les influences sur la cuisine antillaise** (p. 258) in your textbook and match each type of food with the people who introduced it.

1. Les viandes et les poisson fumés _____

2. Les farces et les sauces _____

3. La morue salée _____

4. Les herbes et épices _____

a. Les Indiens tamouls

b. Les esclaves africains

c. Les Indiens caraïbes

d. Les colons français

08-34 **De siècles en siècles.** Review the text **Les influences sur la cuisine antillaise** (p. 258) in your textbook and indicate when the various people listed below arrived in the Caribbean islands: before, during, or after the colonial period.

1. Les Indiens tamouls
   a. Avant la période coloniale   b. Pendant la période coloniale   c. Après la période coloniale

2. Les esclaves africains
   a. Avant la période coloniale   b. Pendant la période coloniale   c. Après la période coloniale

3. Les Indiens caraïbes
   a. Avant la période coloniale   b. Pendant la période coloniale   c. Après la période coloniale

4. Les colons français
   a. Avant la période coloniale   b. Pendant la période coloniale   c. Après la période coloniale

5. Les Chinois
   a. Avant la période coloniale   b. Pendant la période coloniale   c. Après la période coloniale

08-35 **Repas antillais.** Aminata is trying to tell Noah what she had for dinner last night at *Au Papillon des Antilles*, but she can't remember the exact names of the dishes. Listen to her descriptions, review the menu of **Au Papillon des Antilles** (p. 259) in your textbook, and write down the name of the foods and drink she had.

1. En apéritif: _____

2. En entrée: _____

3. En plat de résistance: _____

4. En dessert: _____

08-36 **Recommandations.** The following people have dietary restrictions. Help them choose an appropriate dish from the menu of **Au Papillon des Antilles** (p. 259) in your textbook, and write it in the space provided.

1. En entrée, je veux quelque chose à base de poissons ou crustacés, mais je ne peux pas manger épicé.

   Entrée conseillée: _____

2. En plat principal, je veux du poisson, mais je ne peux pas manger épicé et je suis allergique aux

   cacahuètes. Plat principal conseillé: _____

3. En plat principal, je veux de la viande rouge, mais je suis allergique au gingembre. Plat principal

   conseillé: _____

4. En dessert, je ne peux pas manger glacé et je suis allergique à la noix de coco. Dessert conseillé:

   _____

Point d'intérêt

08-37 **Ina Césaire et l'apprentissage de la cuisine.** Review the text **Maman Flore** (p. 260) in your textbook and indicate whether the following statements are true (*Vrai*) or false (*Faux*).

1. Aux Antilles, on apprend à aimer la cuisine et à cuisiner avec les grands-mères.   V   F

2. Maman Flore a commencé à apprendre la cuisine à Ina quand elle était toute petite.   V   F

3. La cuisine de Maman Flore était un endroit qui faisait peur à Ina quand elle était
   toute petite.   V   F

4. Aux Antilles, il y a une tradition culinaire pour chaque fête.   V   F

5. A Noël, le bœuf est l'élément qui domine dans les plats.   V   F

6. Le vendredi saint, les accras de morue salée sont remplacés par des accras aux légumes.   V   F

08-38 **Plats de fête aux Antilles.** Review the text **Maman Flore** (p. 260) in your textbook and indicate the festivities for which the following dishes are popular.

1. Le matoutou-crabe
   a. Noël   b. Pâques   c. Le vendredi saint   d. La communion solennelle

2. Le pain au beurre
   a. Noël   b. Pâques   c. Le vendredi saint   d. La communion solennelle

3. Les pâtés-cochons
   a. Noël   b. Pâques   c. Le vendredi saint   d. La communion solennelle

4. Les accras aux légumes-pays
   a. Noël   b. Pâques   c. Le vendredi saint   d. La communion solennelle

08-39 **Maya Cassin, chef de cuisine.** Review *Une vie derrière les fourneaux* (p. 262) in your textbook, then indicate whether the statements are true (*Vrai*) or false (*Faux*).

1. C'est très tard dans sa vie que Maya a découvert sa passion pour la cuisine.   V   F

2. C'est sa grand-mère qui l'a initiée à la cuisine antillaise.   V   F

3. La grand-mère de Maya arrivait dans sa cuisine un peu avant midi.   V   F

4. Les parents de Maya ont toujours soutenu sa décision de devenir chef de cuisine.   V   F

5. Maya a commencé à travailler après le lycée.   V   F

6. Avant d'être chef de cuisine, Maya a été professeur d'anglais.   V   F

7. Maya pense que la cuisine est un art et que le chef de cuisine est un artiste.   V   F

08-40 **Expressions équivalentes.** Match the following words or expressions in bold with their equivalents.

1. Le café-chicoré que les adultes **prenaient** le matin. _____   a. astreignants

2. Les horaires **longs et difficile**s étaient une barrière à la vie de famille. _____   b. dans les tripes

3. La cuisine était ma **destinée**. _____   c. consommaient

4. La cuisine, c'est une façon de ressentir les choses **viscéralement**. _____   d. vocation

08-41 **Culinairement vôtre.** Chloë and Sébastien talk about food and wine in the U.S. and France. Listen to what they say and then indicate whether the following statements are true (*Vrai*) or false (*Faux*).

1. Chloë se plaint de (*complains about*) l'importance du grignotage aux Etats-Unis.   V   F

2. Pour le goûter, les Français préfèrent les chips ou le pop-corn aux fruits et produits laitiers.   V   F

3. Pour éviter de prendre du poids, Chloë faisait du sport régulièrement aux Etats-Unis.   V   F

4. Les Américains font souvent des régimes alimentaires et achètent des produis allégés.   V   F

5. Les Français mangent souvent au restaurant ou s'ils mangent à la maison, les plats tout préparés sont leur premier choix.   V   F

6. Sébastien est un fin connaisseur en vin.   V   F

7. Sébastien pense que les Français connaissent mieux les vins que les Québécois.   V   F

8. L'ice wine est un vin typiquement québécois que l'on boit avant ou après les repas.   V   F

9. Sébastien n'aime pas cuisiner.   V   F

10. Sébastien pense que les épices sont l'ingrédient miracle dans toutes les cuisines du monde.   V   F

08-42 **Mots fins sur la cuisine.** Read each of the following quotes about cooking and cuisine, and then write the common idea(s) expressed in all of them.

«Le chemin du cœur passe par le ventre.» *Paul Bocuse*

«Il n'y a pas de bonne cuisine si au départ elle n'est pas faite par amitié pour celui ou celle à qui elle est destinée.» *Paul Bocuse*

«Cuisiner suppose une tête légère, un esprit généreux et un cœur large.» *Paul Gauguin*

«Convier quelqu'un, c'est se charger de son bonheur pendant tout le temps qu'il est sous notre toit.» *Jean-Anthelme Brillat-Savarin. La Physiologie du goût*

«La cuisine, c'est l'envers du décor, là où s'activent les hommes et les femmes pour le plaisir des autres...» *Bernard Loiseau*

Travail d'ensemble

08-43 **La cuisine et moi.** In a 1–2 minute response, explain orally what your favorite cuisine and dish are, and why.

A votre tour!

Zoom sur…

08-44 **Hôtel/Restaurant de la Porte Saint Pierre.** Visit the web page *Les enseignes de Dan Lailler à Saint-Malo*. Look at the sign on the hotel-restaurant and then answer the questions below in short answers in French.

1. Describe what you see.

_____

_____

2. What food might this hotel-restaurant serve? How do you know?

_____

_____

3. Based on the name of this hotel-restaurant, where do you think this hotel might be located in Saint-Malo?

_____

_____

08-45 **Un nom, un type d'établissement, des spécialités.** Visit the website of *OùBouffer* or *CityVox* and find out about the type of food served in the restaurants listed below by typing their name in the search box. Then write down the specialties served at each one.

http://www.
pearsonhighered
.com/francais-mon

1. La Taverne Saint-Germain. Spécialités? _____

2. Brasserie Lipp. Spécialités? _____

3. Casa Paco. Spécialités? _____

4. La Galette du Moulin. Spécialités? _____

5. Charlot, Roi du Coquillage. Spécialités? _____

6. Ma Bourgogne. Spécialités? _____

08-46 **Les types de plats.** Select the category to which each of the following dishes belongs.

1. Touffé de requin (*shark*)...
   a. Poissons/Crustacés   b. Viandes/Volailles

2. Duo de vivaneau (*type of lean fish*) et requin...
   a. Poissons/Crustacés   b. Viandes/Volailles

3. Souris (*shank*) d'agneau en cocotte....
   a. Poissons/Crustacés   b. Viandes/Volailles

4. Cuisses de poulet boucanées
   a. Poissons/Crustacés   b. Viandes/Volailles

5. Duo de brochettes de bœuf et d'agneau
   a. Poissons/Crustacés   b. Viandes/Volailles

08-47 **Les appellations culinaires.** The menu from **La Table de Babette** gives an idea of how dishes are named in French and Francophone restaurants. Names of dishes usually include a combination of the primary ingredient, cooking method, and garnish. For example: **Banane flambée au rhum** → primary ingredient (**banane**) + cooking technique (**flambée au rhum**). Read the name of each dish and select all the elements that are included in it.

1. Touffé de requin à l'étuvée de cive et parfum de citron vert

   _____ a. mode de cuisson

   _____ b. garniture

   _____ c. ingrédient principal

2. Petite assiette de boudin créole et accras de morue sur chiffonade de laitue

   _____ a. mode de cuisson

   _____ b. garniture

   _____ c. ingrédient principal

3. Petite friture de calamar citronée sur lit de crudités de saison

   _____ a. mode de cuisson

   _____ b. garniture

   _____ c. ingrédient principal

4. Duo de vivaneau et requin en colombo à la tomate verte

   _____ a. mode de cuisson

   _____ b. garniture

   _____ c. ingrédient principal

Intégration

08-48 **Le language recherché des menus.** In French and Francophone restaurant menus, dishes are often elegantly named. Rename the following dishes with some flair, changing the descriptions given in bold. For help consult the menu of **La Table de Babette** (p. 266) in your textbook.

1. Sardines **cuites dans l'huile présentées sur salade**

_____

2. Riz **aux poisson, crevettes et moules**

_____

3. **Deux** brochettes de poulet sauce piquante

_____

4. Assiette de **légumes crus en vinaigrette** du marché

_____

5. Mahi-mahi **cuit à la vapeur**

_____

08-49 **En parfaite harmonie.** Wines must pair well with the ingredients found in a particular dish. Based on the list below, choose the type of wine you would pair with the following dishes found in the lunch menu of **La Table de Babette**. Select all the choices that apply.

Charcuterie: Vin rouge, rosé, blanc sec; **Crudités:** Vin rouge, blanc sec; **Fruits de mer:** Vin blanc sec, champagne; **Poissons:** Vin blanc sec, champagne; **Viandes rouges:** Vin rouge

Volailles: Vin rouge, blanc sec, champagne; **Œufs:** Vin rosé, blanc sec; **Fromage pâte fermentée (brie, camembert, etc.):** Vin rouge; **Fromage pâte cuite (gruyère, comté, etc.):** Vin rouge, jaune; **Fromage de chèvre:** Vin rosé, blanc sec; **Desserts:** Vin rosé, blanc doux, champagne; **Chocolat:** Vin rouge, blanc sec

1. Risotto créole aux fruits de mer et jus de lambi safranés
   a. vin rouge   b. vin rosé   c. vin blanc doux   d. vin blanc sec   e. vin jaune   f. champagne

2. Touffé de requin à l'étuvée de cive et parfum de citron vert
   a. vin rouge   b. vin rosé   c. vin blanc doux   d. vin blanc sec   e. vin jaune   f. champagne

3. Duo de chocolats
   a. vin rouge   b. vin rosé   c. vin blanc doux   d. vin blanc sec   e. vin jaune   f. champagne

4. Cuisses de poulet boucanées et ses trois sauces créoles de Babette
   a. vin rouge   b. vin rosé   c. vin blanc doux   d. vin blanc sec   e. vin jaune   f. champagne

5. Carpaccio d'ananas à la muscade
   a. vin rouge   b. vin rosé   c. vin blanc doux   d. vin blanc sec   e. vin jaune   f. champagne

6. Duo de brochettes de bœuf et d'agneau et sauce créole épicée
   a. vin rouge   b. vin rosé   c. vin blanc doux   d. vin blanc sec   e. vin jaune   f. champagne

9 Cultiver son look, cultiver sa tête

Pour commencer

Vidéo: S'habiller pour un rendez-vous

09-01 **Pour sortir.** Emilie and Clémence are choosing clothes for Clémence's date. Watch the video and select all the statements you hear.

_____ 1. Une petite jupe d'été. Elle fait quand même habillé.

_____ 2. J'aime bien, moi, les ballerines.

_____ 3. Attends, attends. Non, je n'aime pas la couleur.

_____ 4. Elles sont sympas avec un petit tailleur.

_____ 5. Regarde, c'est le petit pull que ta tante t'a donné.

_____ 6. Ah, oui. Il faut porter quelque chose de sexy.

09-02 **Qu'est-ce qu'elles disent?** What are Emilie and Clémence doing? What did they decide? Watch the video clip once more and indicate whether the statements below are true (*Vrai*) or false (*Faux*).

1. Emilie et Clémence sont dans la chambre de Clémence.	V	F
2. Elles choisissent des vêtements pour le rendez-vous de Clémence.	V	F
3. Clémence pense qu'Emilie ne donne pas de bons conseils.	V	F
4. Clémence décide d'essayer les vêtements, qu'Emilie a proposés.	V	F
5. Emilie aime beaucoup le choix de vêtements, mais Clémence n'est pas convaincue.	V	F
6. A la fin, Clémence sort et Emilie va ranger les vêtements.	V	F

Pour bien communiquer: Quoi porter?

09-03 **Des vêtements de tous les jours.** The models in the drawings are wearing everyday clothes. Look at the drawings and write the French words for what they are wearing. Don't forget to include a definite article in your answer.

1. _____

2. _____

3. _____

4. _____

5. _____

6. _____

7. _____

8. _____

9. _____

10. _____

les vêtements de tous les jours

09-04 **Des vêtements plus élégants.** The models in the drawings are wearing more elegant clothes. Look at the drawings and write the French words for what they are wearing. Don't forget to include a definite article in your answer.

1. _____

2. _____

3. _____

4. _____

5. _____

6. _____

7. _____

8. _____

les vêtements pour une occasion chic

Nom: _____ Date: _____

09-05 **Qu'est-ce que je porte?** Suggest clothes for the following occasions. Complete the sentences by choosing the appropriate clothes.

1. Emilie va au cinéma avec des amis. Elle porte
   a. un complet noir
   b. un pull et un jean
   c. une robe longue en satin

2. Didier est invité à l'opéra. Il porte
   a. un jean
   b. un complet
   c. un t-shirt

3. Sélim assiste à un match de football avec des amis. Il porte
   a. un jean et un t-shirt
   b. un costume avec cravate
   c. un complet

4. Irène travaille dans un bureau. D'habitude elle porte
   a. un jogging
   b. une robe
   c. un blouson en denim

5. Il fait froid dehors. Je vais porter
   a. un anorak
   b. un t-shirt
   c. des sandales

Voix francophones au présent: La mode masculine

09-06 **Son point de vue.** Who has the following points of view regarding clothes? Listen to the **Voix francophones au présent: La mode masculine** radio broadcast and indicate whether each statement applies to Tinh, Didier, Sébastien, or Noah.

1. Je ne m'occupe pas de la mode.	Tinh	Didier	Sébastien	Noah
2. Mon style de vêtement c'est le confort.	Tinh	Didier	Sébastien	Noah
3. Je porte des costumes et chemises faites sur mesure.	Tinh	Didier	Sébastien	Noah
4. Je porte des jeans bien coupés.	Tinh	Didier	Sébastien	Noah
5. Je pense que ça vaut la peine de bien s'habiller.	Tinh	Didier	Sébastien	Noah
6. Mon style est classe mais décontracté.	Tinh	Didier	Sébastien	Noah

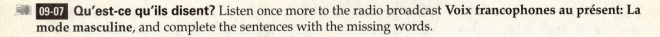

09-07 **Qu'est-ce qu'ils disent?** Listen once more to the radio broadcast **Voix francophones au présent: La mode masculine**, and complete the sentences with the missing words.

TINH: Je ne suis pas ce qu'on appelle une 1. _____. En semaine comme le week-

end, je porte un jean, un polo et 2. _____. J'ai pas le temps de m'occuper

des nouvelles tendances, j'ai trop à faire.

DIDIER: Je reçois beaucoup de compliments sur 3. _____. J'aime bien être tiré à

quatre épingles.

SÉBASTIEN: J'ai mon style.

NOAH: Il est vrai que la mode masculine n'est pas 4. _____ que la mode féminine.

Si on veut porter autre chose que des jeans et t-shirts traditionnels, ça prend du temps et de

l'argent. Je préfère 5. _____ avec une petite sérigraphie discrète, une veste

en jean bien coupée et une paire de tennis Puma.

Les hommes, les femmes et la mode

09-08 **La mode selon Noah et Dahlila.** What do Noah and Dahlila think about fashion? As representatives of their age group and gender, they have interesting ideas. Listen to their descriptions and select the answer that best completes each sentence.

1. Noah: A l'occasion d'une sortie entre copains, je m'habille d'une façon décontractée, mais à l'occasion d'une sortie chic je porte
   a. un jean   c. un short et des sandales
   b. des vêtements plus élégants

2. Noah: Chaque matin,
   a. je choisis toujours les mêmes vêtements   c. je porte un pantalon et un t-shirt avant de sortir
   b. j'essaie plusieurs tenues

3. Noah: Je pense que
   a. je suis sexy en costume   c. je suis une fashion victime
   b. les vêtements ne sont pas importants

4. Dahlila: J'aime beaucoup
   a. faire du shopping avec mes amies   c. les habits chers
   b. m'habiller et faire du shopping

5. Dahlila: Quand je fais du shopping d'habits
   a. je dépense des sommes considérables   c. j'achète pendant les soldes
   b. généralement je n'achète rien

6. Dahlila: J'aime les vêtements uniques
   a. et je dépense beaucoup pour les avoir   c. mais je ne dépense pas plus de 100 euros
   b. mais je n'achète jamais ce genre de vêtements

Pour bien communiquer: Les vêtements et la mode

09-09 **Ce que j'aime.** Read each description and make a choice of one of the clothing items.

1. J'aime les couleurs vives et variées. Je voudrais acheter un chemisier
   a. noir   b. imprimé   c. beige

2. Je voudrais une veste chaude pour l'hiver. Elle doit être en
   a. viscose   b. laine   c. soie

3. J'aime les pantalons à la mode. J'achète souvent des pantalons
   a. en laine à rayures   b. taille basse   c. en viscose

4. J'aime m'habiller sport. Je vais acheter
   a. un sweat à capuche   b. un costume en laine   c. un pantalon baggy

5. J'aime les chaussures sport. Je porte d'habitude
   a. des bottes de cuir   b. des Adidas   c. des sandales

6. Noah aime s'habiller bien. D'habitude on le trouve
   a. en costume   b. en jean   c. en pantalon baggy

09-10 **Et vous?** What kinds of clothing do you like to wear? Describe the pieces below according to your preferences.

1. pantalons (style, tissu, couleurs)

_____

2. chaussures (genre, couleurs)

_____

3. chemise (genre, tissu, couleur)

_____

4. chapeau (genre, tissu, couleur)

_____

Pour bien prononcer: The letters *au*, *eau*, and *o*

09-11 **Les lettres: *o, au* et *eau*.** Read each sentence and give your pronunciation orally. Be careful to pronounce either the vowel sound in the word **chapeau** or the vowel in the word **robe**.

1. Je porte souvent des bottes; je ne porte jamais de costume.

2. Il me faut un manteau chaud... et jaune.

3. Pour moi, c'est les habits sport, comme les maillots en coton et les polos.

4. Hélène, achetez donc un jogging, un chino et un manteau.

🔊 **09-12** **Quelle voyelle?** Listen to the following sentences and decide which vowel sound is pronounced: write AU for the vowel sound in the word **beau** or O for the vowel in the word **bonne**.

—J'ai un pull col 1. _____ roulé, un sweat jaune 2. _____ et un manteau 3. _____ mauve

4. _____.

—Il me faut 5. _____ une sacoche 6. _____ et des bottes 7. _____.

—A moi, il me faut une robe 8. _____ longue et pour mon mari, un costume 9. _____

sobre 10. _____.

Comment dire?

The verb *croire*

09-13 **Quelle forme?** Aminata and Chloë are discussing fashion. Complete the following sentences with the correct forms of the verb **croire**.

1. Je _____ que cet ensemble est trop classique.

2. Vraiment? Tu _____ qu'il fait trop vieux?

3. Aminata et Chloë _____ que les couleurs vives sont pour les jeunes.

4. _____-vous qu'elles ont raison?

5. Moi, je _____ que oui.

6. _____ -le! C'est la vérité.

The verbs *porter* and *mettre*

09-14 **Qu'est-ce qu'elles ont mis?** Aminata and Chloë have decided what to wear to their events. Complete the sentences with the correct forms of the verb **mettre**.

1. Aminata aime beaucoup le tailleur que Chloë _____ hier.

2. Aminata a dit à Chloë: _____ une écharpe en soie avec ton tailleur.

3. Nous _____ des habits confortables aujourd'hui.

4. Aminata et Chloë _____ souvent des lunettes de soleil pour être chic.

5. La semaine dernière, elles _____ des sweats pour faire du jogging.

6. D'habitude je _____ des vêtements confortables au travail.

🔊 **09-15** **On sort.** Friends enjoy each other's company during the weekend. Listen to the descriptions and decide which occasion is described.

a.   b.   c.

1. _____

2. _____

The present subjunctive of regular verbs

09-16 Quoi porter? There are many choices of clothes for different occasions. Complete the sentences with the correct form of the verb in the present subjunctive.

1. Il est important que j' _____ (acheter) un costume pour la fête.

2. Il faut que je _____ (trouver) des accessoires assortis.

3. Il est essentiel que nous _____ (choisir) des vêtements confortables.

4. Il vaut mieux qu'elle _____ (acheter) des Adidas.

5. Il est important que vous _____ (trouver) un costume élégant.

6. Mais non, il n'est pas essentiel qu'ils _____ (acheter) un anorak mauve.

7. Est-ce qu'il est vraiment nécessaire que vous _____ (porter) votre manteau?

8. Il faut que vous _____ (choisir) une autre couleur!

09-17 Subjonctif ou non? The subjunctive is used after certain expressions of necessity. Decide whether the following sentences should use the subjunctive or not, and select the correct verb form.

1. Je dois [a. acheter   b. achète] un nouveau jean.

2. Il vaut mieux que tu [a. choisis   b. choisisses] une autre couleur.

3. Il est nécessaire que vous [a. portez   b. portiez] une cravate pour cette occasion.

4. Nous allons [a. achetions   b. acheter] des sandales en cuir.

5. Pour notre interview, il faut que nous [a. portons   b. portions] un habit plus élégant.

6. Demain je vais faire du tennis. Je vais [a. mettre   b. mette] un jogging.

Travail d'ensemble

09-18 Mes habits. Imagine that you are going to buy a whole new wardrobe. What would you buy for (a) everyday clothes, (b) sport clothes, (c) formal clothes? Describe orally one outfit for each category.

Pour aller plus loin

Qu'est-ce qu'un très bon film?

09-19 **Qu'est-ce qu'un très bon film?** Review the two blog posts **Qu'est-ce qu'un très bon film** (p. 280) in your textbook. Then select all the statements below that are expressed in the posts.

_____ 1. Il faut qu'un film soit original.

_____ 2. La musique des films est importante.

_____ 3. Il faut qu'un film ait de la publicité, des grandes affiches et des acteurs connus.

_____ 4. L'émotion compte pour beaucoup dans un film.

_____ 5. C'est l'intellect qui compte le plus. Il faut qu'un film soit intellectuel.

_____ 6. Il faut qu'un film nous touche.

09-20 **Pour moi, les films...** Imagine that you are writing an e-mail to a friend about what you think makes for a good film. Write sentences to describe how you feel about the various elements of films. Don't forget to use the **présent du subjonctif** as appropriate.

Modèle: Il faut / Il n'est pas nécessaire que le film (être) de bonne qualité.
            Il faut que le film soit de bonne qualité.

1. Il faut / Il n'est pas nécessaire que le film (avoir) une grande publicité.

_____

2. Pour être bon, il est essentiel / il n'est pas essentiel qu'un film (employer) des acteurs connus.

_____

3. Un très bon film me (donner) envie de le partager avec les autres / de le garder pour moi.

_____

4. Pour qu'un film soit bon, il faut qu'il (être) émotionnel / rationnel.

_____

5. Pour moi, un film de divertissement (pouvoir) arriver au chef d'œuvre / à être humain.

_____

6. Un chef d'œuvre nous (faire) réfléchir / rire *(to laugh)*.

_____

Pour bien communiquer: Pour parler de film

09-21 Parlons de film. In the following film comments, select the answer that best completes the sentences.

1. Nous avons vu un film intéressant. C'était un western moderne. Les acteurs étaient sur des motocyclettes
   a. à New York   b. dans le désert de l'Arizona

2. J'ai bien apprécié le jeu des acteurs. C'était le résultat, sans doute, d'un bon
   a. casting   b. décor

3. Dans les films d'aventure, on met l'accent sur
   a. l'action   b. le dialogue

4. J'adore la musique des films. Je crois que ce qui est le plus important dans un bon film c'est la qualité
   a. des effets spéciaux   b. de la bande son

5. J'ai beaucoup aimé ce film. Je crois que c'était
   a. un navet   b. un chef-d'œuvre

6. Moi j'aime l'émotion. A mon avis, les meilleurs films doivent
   a. toucher le spectateur   b. faire réfléchir

09-22 Un film intéressant. Listen to the recordings and select the numbers of all the statements that describe a film experience.

1. _____   2. _____   3. _____   4. _____

5. _____   6. _____   7. _____   8. _____

09-23 Qu'est-ce qu'il dit? Listen again to the statements in **09-22,** and complete each one with the missing words.

1. L'important c'est d'éviter _____.

2. _____ et le casting sont essentiels.

3. J'ai bien apprécié le jeu des acteurs et le scénario, mais il y avait _____ et je me suis finalement lassé(e).

4. On faisait _____ presque chaque jour.

5. Un jour, nous nous sommes _____ en ville.

6. _____ étaient superbes.

7. J'ai surtout apprécié _____ de Miles Davis.

8. Il faut avant tout apprécier _____ de la voiture.

Pour bien communiquer: Pour parler de musique

09-24 **Le concert.** There are many types of concerts and there are different ways to describe the performances. Select an appropriate expression to describe a concert.

1. Nous avons assisté à un concert de musique classique.
   a. La batterie soutenait le rythme.   c. La guitare jouait la mélodie.
   b. Les violons étaient superbes.

2. Au cours de notre concert de jazz,
   a. le solo de saxophone était émouvant.   c. il y avait 100 musiciens sur scène.
   b. les violons étaient superbes.

3. Pendant notre concert de rock,
   a. j'ai bien apprécié l'accordéon.   c. tout le monde était habillé en tenue de soirée.
   b. j'ai beaucoup aimé la batterie.

4. Notre concert de reggae
   a. évoquait les rythmes du Maroc.   c. nous a incité à la révolution!
   b. me rappelait le concerto baroque.

5. La musicienne mettait l'accent sur le texte.
   a. Les paroles étaient très poétiques.   c. La mélodie était intéressante.
   b. Le rythme était hypnotisant.

6. Quel concert splendide!
   a. C'était une super production.   c. Les musiciens n'avaient pas de talent.
   b. La production était médiocre.

09-25 **Au concert.** Imagine that you went to several different concerts recently. Give details about your experiences, commenting on the music or the production based on the cues below.

Modèle: Un très bon concert symphonique
              *Il y avait beaucoup de musiciens sur scène. J'ai beaucoup apprécié les violons et le
              talent du chef d'orchestre.*

1. Un très bon concert de jazz

_____

_____

2. Un très mauvais concert de rock

_____

_____

3. Un excellent concert de rap

_____

_____

La Fête de la Musique

 09-26 **Faites de la musique.** The Parisian music festival, *la Fête de la Musique*, is an annual event. Listen to the description and decide whether the following statements are true (*Vrai*) or false (*Faux*).

1. On invite seulement les musiciens professionnels à participer au festival.   V   F

2. Les musiciens amateurs doivent représenter le rock uniquement.   V   F

3. Tous les genres de musique sont représentés.   V   F

4. Les concerts sont gratuits et les musiciens jouent dans les rues de la ville.   V   F

5. On trouve des festivals comme la Fête de la Musique en France mais pas dans d'autres pays.   V   F

La scène, c'est euphorique

09-27 **Une interview.** Review Bobby Laverdure's interview **La scène, c'est euphorique** (p. 284) in your textbook and select the answers that correctly complete the sentences.

1. Les parents de Bobby lui ont acheté [a. une guitare   b. une bicyclette] à l'âge de 12 ans.

2. Quand il était jeune, il aimait [a. prétendre qu'il était rockeur   b. réparer des voitures].

3. Plus tard, la musique était une façon de [a. jouer   b. s'exprimer].

4. L'important dans la vie d'un musicien c'est de [a. faire des concerts   b. voyager en avion].

5. Le rêve de Bobby c'est de [a. chanter sur scène   b. voyager autant que possible].

6. Il veut surtout qu'on [a. achète ses disques   b. chante ses chansons].

09-28 **Bobby et sa musique.** Bobby talks about becoming a musician. Complete the sentences describing his experience, and be sure to use appropriate verb tenses.

1. Bobby _____ (commencer) à jouer de la guitare à l'âge de douze ans.

2. Au début, il _____ (jouer) de la guitare pour s'amuser.

3. Aujourd'hui, il ne _____ (vouloir) rien faire d'autre.

4. Il a un grand besoin d'_____ (être) sur scène et de chanter.

5. Sur scène, il _____ (communiquer) avec son auditoire.

6. Bobby espère qu'à l'avenir on _____ (chanter) ses chansons.

Comment dire?

The present subjective of *avoir, être,* some irregular verbs

09-29 **Une occasion.** Concerts are occasions to buy clothes and get dressed up. Complete the following sentences with the correct form of the verb in the present subjunctive.

1. Il faut que j'_____ (aller) faire du shopping. J'ai besoin d'un complet pour ce soir.

2. Il est essentiel que tu _____ (être) bien habillée pour cette occasion.

3. Il est essentiel que nous _____ (avoir) des vêtements confortables.

4. Il vaut mieux qu'elle _____ (faire) du shopping ce week-end.

5. Il est important que vous _____ (être) élégant pour le concert.

6. Mais non, il n'est pas essentiel qu'ils _____ (être) habillés en noir.

7. Il n'est pas nécessaire que vous _____ (savoir) danser pour vous amuser.

8. Il faut que vous _____ (pouvoir) venir!

09-30 **Des problèmes.** Sometimes plans do not go as expected. Complete the following sentences with the correct form of the verbs in the present subjunctive.

1. Nous devons aller en randonnée demain. Mais j'ai peur qu'il _____ (faire) mauvais.

2. C'est demain le jour de votre anniversaire. Je crains que Lise ne _____ (pouvoir) pas venir.

3. Je n'ai pas assez d'argent pour acheter le manteau. Il faut que je le _____ (payer) avec une carte de crédit.

4. Pour ne pas se perdre, il faut qu'elle _____ (prendre) un taxi.

5. Quand je te dis que le complet ne convient pas, il faut que tu me _____ (croire).

6. Avant d'acheter quelque chose de cher, il vaut mieux que tu en _____ (savoir) le prix.

Other uses of the present subjunctive

09-31 **Expressions d'émotion et de doute.** Each of these sentences conveys an expression of emotion or doubt. Select the subjunctive form of the verb to complete each one.

1. Je suis content que vous ne [a. soyez b. êtes] pas occupée.

2. Je ne suis pas sûr qu'elle [a. soit b. est] la directrice.

3. Je regrette que tu ne [a. peux b. puisses] pas sortir ce soir.

4. Il est incroyable qu'elle ne [a. vient b. vienne] pas avec nous.

5. Je suis triste qu'elle ne se [a. sent b. sente] pas bien.

6. Je doute qu'elle [a. vienne b. vient] ce soir.

09-32 **Indicatif ou subjonctif?** Remember that the subjunctive is used after expressions of emotion or doubt, and the indicative is used with expressions of certainty. Indicate whether the verb in bold should be in the indicative (I) or the subjunctive (S), based on the phrase that precedes it.

1. Je suis surprise que…	Vous **êtes** libre ce soir.	I	S
2. Il est évident que…	Il **fait** beau aujourd'hui.	I	S
3. Je regrette que…	Tu **as reçu** une mauvaise nouvelle.	I	S
4. Il me semble que…	Elle n'**est** pas libre.	I	S
5. Elle est heureuse que…	Tu **rends** visite à son cousin.	I	S
6. Je suis certain que…	Elle ne **vient** pas avec nous.	I	S

Impersonal expressions

09-33 **Subjonctif et infinitif.** Impersonal expressions can prompt either the subjunctive or the infinitive. Select the correct tense in the following sentences.

1. Il est essentiel que j' [a. obtienne   b. obtenir] des billets pour le concert de ce soir.

2. Il vaut mieux [a. achetions   b. acheter] des billets à l'avance pour être sûr d'en avoir.

3. Il est bon que tu [a. aies   b. avoir] des places pour cette pièce. C'est une pièce extraordinaire.

4. Il faut absolument [a. trouver   b. trouve] des billets pour ce concert.

5. Il est nécessaire que nous [a. arriver   b. arrivions] à l'heure au concert. Je ne veux pas manquer une seconde.

6. Est-ce qu'il est possible de [a. trouver   b. trouve] des places pour ce soir?

Travail d'ensemble

09-34 **Un concert.** Write a paragraph about a concert you attended. Describe the concert, the musicians, the instruments they played, and whether you liked the event. Be sure to refer to **Pour parler de musique** for some useful expressions.

_____

_____

_____

_____

_____

A la découverte

Petit tour d'horizon

09-35 **Perspectives sur la culture.** Review the graph **Les pratiques culturelles des Français** (p. 292) in your textbook and choose the correct answer to complete each sentence.

1. Pour les Français, une personne cultivée est quelqu'un qui [lit beaucoup / lit peu].

2. Pour les Français, la culture, c'est quelque chose [d'agréable / de désagréable].

3. La vie culturelle des séniors est [plus active / moins active] que celle des jeunes.

4. Les pratiques culturelles des hommes et des femmes sont dans l'ensemble [identiques / différentes].

09-36 **Les Français? Cultivés?** Review the graph **Les pratiques culturelles des Français** (p. 292) in your textbook and indicate whether the following statements are true (*Vrai*) or false (*Faux*).

1. Les jeunes fréquentent les salles de cinéma plus que leurs aînés. V F

2. Plus de femmes que d'hommes assistent à des évènements sportifs. V F

3. Regarder la télévision et écouter la radio sont très populaires chez toutes les tranches d'âge. V F

4. Regarder la télévision et écouter la radio sont parmi les premiers loisirs des Français. V F

5. Plus d'hommes que de femmes aiment la lecture. V F

6. Contrairement aux femmes, les hommes aiment moins aller au musée, voir des expositions, et visiter des monuments historiques. V F

09-37 **Les Français et la télévision.** Read the text and select the answers that best complete the sentences.

Selon un récent sondage, regarder la télévision est le premier passe-temps favori des Français. Les sondés indiquent qu'ils consacrent 3h07 par jour au petit écran, soit 50 minutes de plus que surfer sur Internet, le deuxième passe-temps préféré des Français. Ecouter la radio, arrive en 3ème position et occupe les Français pendant 1h20 quotidiennement.

Les Français consacrent plus de temps à ces activités qu'à leurs amis ou leur famille (59 minutes par jour), à la musique (54 minutes) et à la lecture qui occupe 38 minutes d'une journée.

La lecture n'est peut-être pas le loisir favori des Français, cependant le livre arrive en tête des achats culturels (88%), devant le DVD (75%), le CD (69%) ou le jeu vidéo (34%).

Le livre est par conséquent l'objet culturel le plus présent dans les foyers français qui possèdent en moyenne 156 livres chacun. Les foyers français possèdent deux fois plus de livres que de CD (85). Les DVD arrivent derrière avec une moyenne de 54 par foyer, suivis par les jeux vidéo avec une moyenne de 26 titres.

1. Les Français passent [moins de / plus de] temps à regarder la télévision qu'à surfer sur Internet ou écouter la radio.

2. Le temps passé par les Français à écouter la radio est presque moitié [moins / plus] que le temps qu'ils passent à regarder la télévision.

3. Les Français consacrent six fois [moins de / plus de] temps à leurs amis ou famille qu'à regarder la télévision, surfer sur Internet et écouter la radio, toutes ces activités combinées.

4. La lecture [est / n'est pas] l'activité culturelle préférée des Français.

5. Il y [plus de / moins de] livres que de DVD, CD ou jeux vidéo dans les foyers français.

09-38 **Termes à trouver.** Read the text from activity **09-37** again and find the equivalents in the text to the following words and expressions.

1. Une enquête: _____

2. Les loisirs: _____

3. Tous les jours: _____

4. Préféré: _____

5. Les familles françaises: _____

Point d'intérêt

09-39 **Les Français et la publicité.** Read the text below, and indicate whether the following statements are true (*Vrai*) or false (*Faux*).

Les Français sont plutôt «publiphiles» mais aussi «publiméfiants». 61% des Français, contre 39%, déclarent qu'ils aiment la publicité. Cependant, ils sont 86% à considérer que la publicité influence le choix des consommateurs et 84% à estimer qu'il y a trop de publicités dans leur vie quotidienne.

Ils reconnaissent l'utilité économique de la publicité. En effet, 80% des Français jugent que la publicité peut être informative et 71% qu'elle est absolument indispensable à l'économie.

Ils préfèrent les publicités qu'ils estiment drôles (53%), originales ou étonnantes (52%); les Français aiment davantage l'humour et les Françaises la créativité. Le troisième critère de préférence, sensiblement moins fort, est l'esthétique (25%).

1. Les Français sont majoritairement «publiphobes».   V   F

2. Les Français pensent que la publicité conditionne ce que les consommateurs achètent.   V   F

3. Les Français trouvent qu'il n'y a pas assez de publicité en général.   V   F

4. Les Français pensent que la publicité peut être une source utile d'information.   V   F

5. Les Français estiment que la publicité est un des moteurs de l'économie.   V   F

09-40 **Une question de goût.** Read the text from **09-39** again, and choose the answer that best completes each sentence.

1. [Une majorité / Une minorité] de Français sont sensibles à l'esthétique des publicités.

2. En général, les femmes et les hommes français [aiment / n'aiment pas] le même type de publicités.

3. L'humour, la créativité et l'esthétique dans la publicité [sont / ne sont pas] dans cet ordre, les trois premiers critères de préférence chez les Français.

09-41 **Ludivine et le concours de mode (Partie 1).** Read the text below and indicate whether the following statements are true (*Vrai*) or false (*Faux*).

Comment en êtes-vous arrivée à préparer ce concours?

L: Je savais que c'était une bonne porte d'entrée pour une jeune créatrice comme moi qui souhaite créer sa propre ligne de mode. C'est mon rêve depuis que je suis enfant, alors j'ai fait le saut...

En quoi cela consiste?

L: Nous étions 700 candidats au départ. J'ai préparé un dossier et passé un entretien devant un jury. J'ai parlé de mes idées, de mes thèmes, j'ai montré mes créations. Et j'ai été sélectionnée avec 6 autres jeunes créateurs. Le concours s'est déroulé sur deux jours. Le premier jour, il y a eu une présentation au public du thème de chacune de nos collections. Le lendemain, il y a eu les défilés. Nous devions créer 6 modèles différents plus une robe de soirée. J'ai eu un mois et demi pour tout préparer. J'étais très stressée lorsque j'ai vu les collections des autres concurrents. Elles étaient vraiment impressionnantes.

Quel était le thème de votre collection?

L: Le chic français avec un côté ethnique, inspiré du Moyen Orient. J'ai créé des vêtements pour les femmes actives. J'ai conçu des tenues à la fois confortables et féminines agrémentées de bijoux ethniques, faciles à porter. C'est cette accessibilité dans le style de mes vêtements qui a conquis le jury et m'a permis de gagner le concours.

Votre vie professionnelle a changé depuis le concours?

L: Oui et non. Je suis toujours à l'école, je termine mes études à la fin juin. Mais ce concours m'a permis de rencontrer beaucoup de professionnels de la mode. J'ai déjà reçu des propositions de stages. Ce concours m'a aussi donné une certaine confiance en moi.

1. Ludivine a toujours voulu être créatrice de mode.   V   F

2. Seulement 1% des candidats ont été sélectionnés pour présenter leur collection au concours.   V   F

3. Chaque candidat sélectionné devait préparer 6 créations au total.   V   F

4. Les candidats sélectionnés avaient 2 mois pour préparer leur collection.   V   F

5. Ludivine était très confiante pendant la période de préparation.   V   F

6. Ludivine a créé des vêtements féminins pratiques.   V   F

7. Ludivine a quitté l'école après sa réussite au concours.   V   F

8. Sa réussite au concours n'a pas eu d'impact sur sa vie.   V   F

09-42 **Profil d'une créatrice (Partie 2).** Read the text below and based on the information, complete the paragraph with the words from the list.

nom de marque	noir	collection	bijoux	sobres	créateurs	tailleur
vestes	la mode	styliste	jeans	vestimentaire		

D'où vient votre passion pour la mode?

L: Toute petite déjà, je créais mes propres vêtements, mes sacs, mes bijoux. A 16 ans, j'ai su que je voulais être styliste.

Quels sont les grands créateurs que vous admirez?

L: Karl Lagerfeld. J'adore aussi les vêtements déstructurés de Yamamoto. Enfin, Lanvin pour son chic.

Quels vêtements aimez-vous créer?

L: Les vestes. Une veste est passe-partout, elle convient à tous les styles: décontractée sur un jean, élégante sur une robe du soir.

Comment vous hab... z v... ?

L: J'ai un style plutôt féminin. Je porte beaucoup de jeans, très pratiques car cela va aussi bien avec une paire de baskets qu'avec des talons. Je les associe souvent à des vestes de tailleur noires. Et j'égaye ma tenue avec des accessoires et des bijoux discrets, assez sobres.

Quels sont vos projets?

L: Je travaille sur une nouvelle collection en vue de créer ma propre marque.

Un conseil pour les jeunes qui veulent se lancer?

L: Persévérez! Ce n'est pas un métier facile, c'est sûr. Si c'est votre passion, il faut foncer, il faut y croire!

Ludivine a toujours eu une passion pour 1. _____. Adolescente, elle savait déjà qu'elle

voulait être 2. _____. Elle admire de nombreux 3. _____ comme

Karl Lagerfeld, Yamamoto ou Lanvin. Elle aime surtout créer des 4. _____ qui sont

passe-partout. Pour ce qui est des couleurs, elle préfère le 5. _____. Son look

6. _____ est féminin et simple. Elle porte des 7. _____ et des

vestes de 8. _____ noires qu'elle accessorise de 9. _____ discrets et

10. _____. Pour le momemt, elle prépare une nouvelle 11. _____

et réfléchit au 12. _____ sous lequel elle va la diffuser. Ludivine encourage les jeunes

à se lancer.

09-43 Didier et Dahlila parlent de mode. Listen to the passage and indicate whether Didier or Dahlila say the following. Complete each sentence with the correct name.

1. _____ porte un jean au travail.

2. _____ s'habille classique à cause de son métier.

3. _____ a ses choix vestimentaires influencés pas son conjoint.

4. _____ a changé de style vestimentaire dernièrement.

5. _____ porte toujours des couleurs sombres unies.

6. _____ dit que l'apparence vestimentaire est très importante.

7. _____ ne dépense pas beaucoup d'argent en habillement.

8. _____ s'habille très simplement.

09-44 Vêtements et chaussures au fil des saisons. Listen to the passage again, and choose the answers that correctly complete the following sentences.

1. L'hiver, Didier porte des costumes [en laine / en gabardine] et des [bottes / mocassins].

2. L'été, quand il fait chaud, Dahlila porte des [jeans / robes simples noires] et des [baskets / sandales].

3. L'été, en vacances, Didier porte des [jeans / pantalons en lin] et des [baskets / docksides].

Travail d'ensemble

09-45 Fashion victime ou pas? Describe orally what you wear when you go to school or to work, on the weekend or on vacation.

A votre tour!

Zoom sur…

09-46 **Chrome d'Azzaro.** Visit the Couleur Parfum website and watch the commercial for *Chrome d'Azzaro*. Then indicate whether the following statements are true (*Vrai*) or false (*Faux*).

1. Dans ce spot publicitaire, il fait beau, il fait chaud, il fait du vent, la mer est calme et le ciel est clair.   V   F

2. Les hommes et la femme portent des vêtements de couleur similaire.   V   F

3. Les hommes portent des vêtements confortables.   V   F

4. Deux générations sont représentées dans ce spot publicitaire.   V   F

09-47 **Etude de fond.** Visit the Couleur Parfum website and watch the commercial for *Chrome d'Azzaro* again. Then answer the following questions.

1. Le spot publicitaire *Chrome* met en scène des personnes. Qui sont-elles?

_____

2. Des objets: lesquels?

_____

3. Où se déroule l'action?

_____

4. Quand se déroule l'action?

_____

09-48 **Images, couleurs et sons.** On the Couleur Parfum website, watch the commercial for *Chrome d'Azzaro* yet again and complete the following.

1. **Images:** Describe what people in this commercial are doing.

_____

_____

2. **Couleurs:** Describe which colors dominate in this commercial.

_____

_____

3. **Sons:** Indicate the musical instruments used and write the words used in this commercial.

_____

_____

09-49 **Genre et action.** Imagine that the commercial for *Chrome d'Azzaro* was a short film. Decide which movie category it would belong to (**aventure, comédie, action, amour, humour,** etc.), and write a brief summary of the plot.

_____

_____

_____

_____

Intégration

09-50 **En bref.** Visit the Couleur Parfum website and watch the commercial for *Chrome d'Azzaro* again. Imagine what each person in the commercial might be thinking, and write your ideas.

La femme:

_____

Le garçon:

_____

Le père du garçon:

_____

Le grand-père du garçon:

_____

What techniques does this commercial use that led you to think that?

_____

_____

_____

_____

09-51 **Interprétation.** Visit the Couleur Parfum website and watch the commercial for *Chrome d'Azzaro*. Then answer the following questions.

1. Quelles émotions éprouvez-vous en voyant cette publicité: joie, peur, amour, tristesse, colère, surprise, autre?_____

2. Quelles informations sur le produit donne cette publicité?

_____

_____

_____

10 Où et comment se loger?

Pour commencer

10-01 **Donc voilà la cuisine.** Sélim is with a real estate agent who is showing him the kitchen. Watch the video segment and select all the items that will remain in the apartment.

_____ 1. Les placards

_____ 2. L'équipement électroménager

_____ 3. Le réfrigérateur

_____ 4. Le mixeur

_____ 5. Le four à micro-ondes

10-02 **Qu'est-ce qu'ils disent?** What are Sélim and the real estate agent saying? Watch the video clip once more and complete the sentences with the missing words.

1. Donc voilà _____, entièrement aménagée.

2. La machine _____ le linge, le four avec les plaques…

3. Le mixeur, lui par contre, appartient _____.

4. _____ appartient également à l'appartement et reste ici.

5. Si vous voulez, je vais vous montrer également _____.

6. Je vous _____.

Pour bien communiquer: Décrire un appartement

10-03 **Mon studio.** Listen to Emilie as she describes the furniture in her studio. Select the items that she mentions during her tour.

_____ l'évier   _____ le réfrigérateur

_____ le lave-vaisselle   _____ le fauteuil

_____ la cuisinière   _____ le placard

_____ les toilettes   _____ l'armoire

10-04 **Où est...?** Label the items on the drawing with their French names.

1. _____

2. _____

3. _____

4. _____

5. _____

6. _____

7. _____

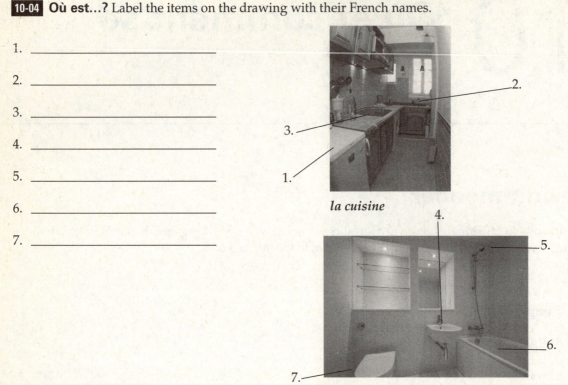

la cuisine

la salle de bains

10-05 **Qu'est-ce que je choisis?** There are many choices to make when house hunting. Complete the sentences by selecting the appropriate choice.

1. Chloë a besoin d'un petit appartement pour elle seule. Elle loue
   a. un quatre pièces.   b. un studio.   c. un pavillon.

2. Aminata n'a pas de voiture. Elle a besoin d'un appartement
   a. avec une baignoire.   b. au premier.   c. près des transports publics.

3. Françoise ne peut pas monter les escaliers. Elle doit louer un appartement
   a. au premier étage.   b. au rez-de-chaussée.   c. avec vue panoramique.

4. Emilie adore l'électroménager moderne. Elle va louer un appartement avec
   a. douche.   b. un lave-vaisselle.   c. vue sur la rue.

5. J'aime faire la cuisine. Dans mon nouvel appartement, je dois avoir
   a. un évier.   b. une cuisinière.   c. une lingerie.

6. Sélim, par contre, n'aime pas faire la cuisine. Il achète des plats préparés. Ce qui est nécessaire pour lui, c'est
   a. un four à micro-ondes.   b. un évier.   c. une douche.

Voix francophones au présent: On parle de logement

10-06 **Son logement.** Listen to **Voix francophones au présent: On parle de logement.** Then choose the correct information to complete each statement, according to the interview with Chloë.

1. Chloë a trouvé un nouvel appartement; c'est
   a. une maison en banlieue proche.   b. un studio convenable.

2. Elle cherchait un studio
   a. près des transports publics.   b. avec vue panoramique.

3. Elle cuisine pendant le week-end et donc elle veut
   a. un four à micro-ondes.   b. une cuisine bien équipée.

4. Chloë va se loger dans un immeuble avec gardien parce que
   a. Paris est une ville dangereuse.   b. elle se sent plus en sécurité.

5. Le studio est situé
   a. rue Jules Joffrin.   b. rue Montcalm.

6. Elle a trouvé un studio
   a. au rez-de-chaussée.   b. au 4e avec ascenseur.

10-07 **Mon studio.** Listen once more to **Voix francophones au présent: On parle de logement.** This time, complete the sentences with the missing words.

1. Maintenant j'ai décidé de déménager et à la rentrée prochaine je vais habiter

   _____.

2. J'ai un studio convenable et _____ ce matin-même.

3. Je voulais aussi _____ bien équipé.

4. J' voulais aussi un studio dans un immeuble _____.

5. Il est aussi à deux pas du marché Ordener, _____ très sympa.

6. J'ai un séjour _____, une cuisine avec électroménager

   moderne, une salle de bains avec douche et WC.

7. Le loyer est de _____ euros.

8. Je suis _____ d'avoir trouvé ce studio.

Pour bien communiquer: Parler d'un quartier

10-08 **Faire des achats.** Emilie has a lot of things to buy this afternoon. Guess what she will buy from the following stores, and write sentences to describe her purchases.

Modèle: le marché
Au marché elle achète des fruits et des légumes.

1. la boulangerie

_____

2. la grande surface

_____

3. la charcuterie

_____

4. la boucherie

_____

5. la pâtisserie

_____

10-09 **Et vous?** How would you describe the neighborhood in which you live? Choose from the expressions in **Pour bien communiquer: Parler d'un quartier** to tell someone where you live. Write several sentences to describe your neighborhood.

_____

_____

_____

_____

_____

Pour bien prononcer: Nasal vowels and the letters *am, an, em, en*

10-10 **Les lettres *an, am, en* et *em*.** Read the sentences below, and give your pronunciation of each one orally. Be careful to pronounce the nasal sounds as in the French word **cent** (*100*). Make sure that there is no trace of the sound **n** or **m** when pronouncing **an, am, en,** and **em**.

1. J'habite d**an**s un quartier commerç**an**t. Il y a une boul**an**gerie et une gr**an**d magasin tout près.

2. Normalem**en**t à la boul**an**gerie, j'achète des croiss**an**ts que j'**em**porte.

3. Je pr**en**ds souv**en**t le déjeuner au restaur**an**t du coin.

4. J'ai trouvé un appartem**en**t d**an**s un quartier tr**an**quille près des tr**an**sports publics.

10-11 **Voyelle orale ou voyelle nasale?** Read the following sentences and decide whether the letters in bold are pronounced with an oral vowel or a nasal vowel. Write O for oral, or N for nasal.

1. J**ea**n 1. _____ et J**ea**nne 2. _____ vont habiter à C**an**nes 3. _____ l'**an**née 4. _____ **en**tière 5. _____.

2. Mari**an**ne 6. _____ est en vac**an**ces 7. _____; elle sera à V**an**nes 8. _____ jusqu'au print**em**ps 9. _____.

On habite en appartem**en**t 10. _____, mais les **en**fants 11. _____ gr**an**dissent 12. _____ et nous cherchons une

maison **en** 13. _____ b**an**lieue 14. _____.

Comment dire?

Direct object pronouns

10-12 **Quel pronom?** Select the direct object pronoun that correctly completes each sentence.

1. Henri préfère les bâtiments anciens. Il les / l' aime mieux que les bâtiments modernes.

2. Moi, je ne les / l' aime pas ce studio.

3. Elle n'aime pas ce quartier. Elle la / le trouve trop commerçant.

4. Tu trouves la chambre trop petite? Moi je l' / la trouve bien.

5. Sélim invite Emilie à voir son studio. Il la / l' invite demain.

6. Je prends le grand appartement. Je le / la trouve super.

10-13 **Se loger.** People are making comments about living spaces. Rewrite each of the following sentences, substituting a direct object pronoun for the direct object. Be sure to place the pronoun in the proper order in the sentence.

Modèle: J'aime beaucoup cet appartement. *Je l'aime beaucoup.*

1. Nous voulons la maison.

_____

2. Elle aime beaucoup la cuisine.

_____

3. Est-ce que tu aimes le salon?

_____

4. Nous trouvons les chambres petites.

_____

5. Sélim visite l'appartement.

_____

6. Je prends le studio.

_____

7. Je préfère le studio rue des Abbesses.

_____

8. Il admire ce bâtiment.

_____

Indirect object pronouns

10-14 Un choix de pronoms. Decide which indirect object pronoun is correct in the following sentences.

1. L'agent immobilier montre le studio à Sélim. Il le [a. nous   b. lui] montre à 16 heures.

2. Chloë téléphone à son amie. Elle [a. la   b. lui] téléphone pour dire qu'elle déménage.

3. Je vais parler aux propriétaires. Je vais [a. lui   b. leur] dire que je prends le studio.

4. Nous avons pris un studio et maintenant nous donnons notre nouvelle adresse à Jean. Nous voulons qu'il [a. nous   b. la] rende visite.

5. Sélim a déménagé. Est-ce qu'il [a. le   b. vous] a communiqué cette nouvelle?

6. Est-ce que Chloë t'a téléphoné? Elle [a. les   b. m'] a téléphoné pour me dire que Sébastien a un nouveau studio.

10-15 Trouver un logement. People are discussing their choice of lodgings. Substitute an indirect object pronoun for the indirect object in parentheses. Be sure to place the pronoun in the proper order in the sentence.

Modèle: Tu veux aller voir le studio avec moi? Réponds par téléphone. (à moi)
              Réponds-moi par téléphone.

1. Alors, qu'est-ce que tu penses de l'appartement? Tu vas donner ton opinion? (à Jean)

   Tu _____ ton opinion?

2. J'ai besoin de ton adresse. Tu vas donner ton adresse? (à moi)

   Tu _____ ton adresse?

3. Nous avons demandé de venir voir le studio. (à Jean et Christine)

   Nous _____ de venir voir le studio.

4. Il montre le studio. (à toi)

   Il _____ le studio.

5. Elle pose des questions pour avoir des renseignements sur l'appartement. (à nous)

   Elle _____ des questions.

6. Dis que tu prends le studio. (à lui)

   _____ que tu prends le studio.

Nom: _____   Date: _____

The pronouns y and en

10-16 **Substituez le pronom y.** Rewrite the following sentences using the pronoun **y**.

Modèle: Je vais chez mon amie ce soir.
              J'y vais ce soir.

1. Je vais à la fac tous les jours de la semaine.

   J'_____ tous les jours de la semaine.

2. Le samedi, mes amis et moi nous allons au cinéma.

   Le samedi, mes amis et moi nous _____ .

3. Tu vas au Canada pour voir tes parents?

   Tu _____ pour voir tes parents?

4. Nous nous intéressons à l'appartement.

   Nous nous _____ .

5. Allons au concert ce soir!

   _____ ce soir!

6. Tu vas au marché ce matin?

   Tu _____ ce matin?

10-17 **Substituez le pronom en.** Rewrite the following sentences using the pronoun **en**.

Modèle: Chloë parle de son studio à tout le monde.
              Chloë *en parle* à tout le monde.

1. Il y a un studio pas cher dans mon quartier.

   Il y _____ un pas cher dans mon quartier.

2. J'achète des fleurs chez le fleuriste.

   J'_____ chez le fleuriste.

3. Nous avons besoin de trois chambres.

   Nous _____ de trois.

4. Elle a besoin d'un agent.

   Elle _____ d'un.

5. Il y a une boulangerie-pâtisserie au coin de la rue.

   Il y _____ une au coin de la rue.

6. Est-ce que tu cherches un studio?

   Est-ce que tu _____ un?

Travail d'ensemble

10-18 **Où je voudrais habiter.** Where would you like to live ? Describe orally an apartment or a house that would suit you. Describe also the type of neighborhood you would choose.

Pour aller plus loin

Quel orage !

10-19 **L'inondation.** Review **Quel orage!** (p. 316) in your textbook and select all the statements below that are expressed in it.

_____ 1. J'ai fait la danse de la pluie et il y a eu un orage.

_____ 2. Par conséquent il y a eu un incendie dans mon appartement.

_____ 3. Il y avait trois pieds d'eau sale dans mon appartement.

_____ 4. Par miracle, le téléphone et l'électricité marchent toujours.

_____ 5. Le lendemain j'ai pris avec moi des affaires.

_____ 6. J'ai perdu toutes mes possessions. Il n'y avait rien de récupérable.

_____ 7. En plus, j'ai passé plusieurs jours à l'hôpital.

_____ 8. Je n'ai plus jamais habité dans un sous-sol depuis.

10-20 **Journal d'une inondation.** Rewrite the sentences describing the flood, using pronouns to substitute for the nouns in bold.

Modèle: J'habite **au sous-sol** depuis un an.
              J'y habite depuis un an.

1. Je vais **dans le magasin** pour rencontrer mon ami Charles.

   J'_____ pour rencontrer mon ami Charles.

2. Nous regardons **la pluie**.

   Nous _____ .

3. La concierge ouvre **les portes des logements du sous-sol**.

   La concierge _____ .

4. Nous mettons **les meubles** à l'étage.

   Nous _____ à l'étage.

5. Le lendemain, je vais **à mon appartement**.

   Le lendemain, j'_____ .

6. Je lave et relave **mes habits**.

   Je les lave et _____ .

Pour bien communiquer: Décrire les meubles

10-21 **Parlons de meubles.** Select the answer that best completes each sentence.

1. Moi, j'aime les meubles modernes. J'aime par exemple
   a. les commodes style empire.   b. les armoires en teck.

2. C'est le début du siècle dernier qui m'intéresse comme style. Je préfère
   a. le style déco.   b. le style rustique.

3. J'aime les surfaces en bois. C'est que je préfère
   a. le chêne.   b. le formica.

4. Je dois meubler ma chambre à coucher. J'ai besoin d'
   a. un lit.   b. un buffet.

5. Pour le séjour, il me faut
   a. un matelas.   b. un fauteuil.

6. Dans le bureau, je veux
   a. un fauteuil.   b. un lit.

10-22 **Un studio bien meublé.** Listen to the statements and select the numbers of all the ones that describe a well-furnished studio.

1. _____   2. _____   3. _____   4. _____

5. _____   6. _____   7. _____   8. _____

10-23 **Qu'est-ce qu'elle dit?** Listen to the statements in **10-22** again, and complete the sentences with the missing words.

1. L'important pour moi, c'est d'avoir _____ utiles.

2. Je n'aime pas, par exemple, les meubles _____ et ornés.

3. Je préfère quand _____ pendant la journée.

4. J'aime faire _____ en ville.

5. Je voudrais un petit bureau pour _____.

6. Je voudrais aussi _____ confortable.

7. Est-ce que tu as _____?

8. Un bon lit et _____ sont nécessaires.

Un déménagement au Québec

10-24 **Le saut.** Review Claire Stéphanelli's story, **Mon évasion hors de Compiègne** (p. 318) in your textbook, and select the answer that best completes each statement.

1. Un matin, Claire a eu
   a. un accident   b. un dégoût

2. Elle s'est dit
   a. non, je ne vais pas plus loin   b. je rentre chez moi

3. Ensuite, elle a décidé
   a. de s'en aller   b. d'apprendre l'espagnol

4. Quand elle s'est éloignée de son ancienne vie, elle
   a. a compris qui elle était   b. a sombré dans la nostalgie

5. Son logement à Montréal est devenu
   a. un logement de luxe   b. un vrai chez-soi

6. Claire pense qu'elle a
   a. à présent la vie qu'elle voulait   b. fait une erreur

10-25 **Claire Stéphanelli et son déménagement.** Claire talks about the events that led up to her move to Montreal and the ways she coped with her decision. Complete the sentences describing her experience, and be sure to use appropriate verb tenses.

1. Un jour, Claire _____ (décider) de ne pas continuer sa vie monotone.

2. Mais, elle ne _____ (vouloir) pas tout abandonner.

3. Elle _____ (choisir) de vivre à Montréal.

4. Elle _____ (trouver) un boulot de vendeuse dans un magasin.

5. Elle _____ (apprendre) l'anglais.

6. Claire trouve que le changement a été difficile, mais elle _____ (être) libre à présent.

Pour bien communiquer: Donner des raisons pour (ne pas) déménager

10-26 Son déménagement. Read each statement and select an appropriate expression that describes reasons to move or not to move.

1. Je trouve que mon poste est ennuyeux.
   a. Je n'aime plus la région où j'habite.
   b. Je veux améliorer mon salaire.
   c. Je cherche un poste plus intéressant.

2. Je n'ai pas eu d'augmentation depuis trois ans.
   a. Je veux déménager pour ma santé.
   b. Je veux améliorer mon salaire.
   c. Je veux un endroit avec un meilleur climat.

3. Il pleut toujours et il fait toujours froid dans la ville où je travaille.
   a. Je cherche un meilleur salaire.
   b. Je veux un endroit avec un meilleur climat.
   c. Je veux déménager pour ma santé.

4. J'ai ma famille et beaucoup d'amis ici.
   a. Je ne veux pas déménager.
   b. Je vais déménager tout de suite.
   c. Je voudrais un endroit avec un meilleur climat!

5. Elle aime son poste.
   a. Elle va déménager.
   b. Elle va rester ici.
   c. Elle trouve le poste ennuyeux.

6. Nous voulons refaire notre vie et recommencer dans un autre endroit.
   a. Nous allons déménager le mois prochain.
   b. Nous allons rester ici.
   c. Nous préférons rester sur place.

10-27 Tu déménages? Imagine that you are considering moving. Write sentences giving reasons for your move, based on the following statements.

Modèle: Je veux améliorer mon salaire.
   Je n'ai pas eu d'augmentation depuis deux ans. Le coût de la vie augmente, mais pas mon salaire.

1. Je cherche un poste plus intéressant.

_____

2. Je n'aime pas le climat où j'habite.

_____

3. J'ai habité ici toute ma vie. J'ai besoin d'un changement.

_____

Comment dire?

Object pronouns and the *passé composé*

10-28 **Elle a déménagé.** Claire's choice to move was not easy to make. Rewrite the following sentences, substituting a direct object pronoun for the words in bold. Be sure to make agreements as appropriate.

Modèle: Elle a abandonné **ses amis**.
Elle *les a abandonnés.*

1. Claire a changé **sa vie**.

   Elle _____.

2. Elle a trouvé **son boulot** à Montréal.

   Elle _____ à Montréal.

3. Elle a appris **l'anglais** *(m.)*.

   Elle _____.

4. Elle n'a pas choisi **le chemin facile**.

   Elle _____.

5. Elle a conservé **son équilibre**.

   Elle _____.

6. Elle a trouvé **la solution**.

   Elle _____.

10-29 **Une inondation.** The apartment flood in Montreal was a scary event. Rewrite the following sentences, substituting an object pronoun for the words in bold (direct or indirect object pronouns, **y,** or **en**). Be sure to make agreements as appropriate with preceding direct object pronouns.

Modèle: Ma danse a causé **l'orage**!
   Ma danse *l'a causé.*

1. Je suis allée chez mon copain.

   J'_____.

2. Nous avons fumé des cigarettes.

   Nous _____.

3. La pluie a inondé l'appartement.

   La pluie _____

4. Nous avons mis les meubles à l'étage.

   Nous _____ à l'étage.

5. J'ai lavé mes habits plusieurs fois.

   Je _____ plusieurs fois.

6. J'ai perdu mes photos dans l'inondation.

   Je _____ dans l'inondation.

Object pronouns and the infinitive construction

10-30 **L'aventure de Claire Stéphanelli.** Claire's move to Montreal was certainly a bold move. Rewrite the following sentences, substituting an object pronoun for the words in bold (direct or indirect object pronouns, **y,** or **en**).

Modèle: Claire veut quitter **sa profession**.
Claire *veut la quitter.*

1. Claire veut changer **sa vie**.

   Claire _____.

2. Elle va vivre **à Montréal** car elle connaît la ville.

   Elle _____ car elle connaît la ville.

3. Le déménagement va causer **un changement**.

   Le déménagement _____.

4. Elle veut parler **à son partenaire** avant de prendre la décision.

   Elle _____ avant de prendre la décision.

5. Elle doit meubler **son nouvel appartement**.

   Elle _____.

6. C'était important pour Claire de se faire **une nouvelle vie**.

   C'était important pour Claire de _____.

10-31 **A vous.** Answer the questions you hear by providing personal information or opinion.

1. _____

2. _____

3. _____

4. _____

5. _____

6. _____

Travail d'ensemble

10-32 **Mon déménagement.** Write a paragraph giving the reasons why you might want to move or the reasons why you want to stay where you are. Consider your job, the region where you currently live, its climate, and the friends and family members you have when you write. Refer to **Donner des raisons pour (ne pas) déménager** (p. 321) in your textbook for some useful expressions.

_____

_____

_____

_____

_____

A la découverte

Petit tour d'horizon

10-33 **Les maisons de Montréal.** Review **Les habitations montréalaises** (p. 324) in your textbook and select all of the possible answers to the following questions. More than one answer may apply for each.

1. Quel type de maison a un mur mitoyen?
   a. Les maisons en rangée
   b. Les maisons jumelées
   c. Les maisons d'appartements
   d. Les maisons isolées

2. Quel type de maison a une allée de chaque côté?
   a. Les maisons en rangée
   b. Les maisons jumelées
   c. Les maisons d'appartements
   d. Les maisons isolées

3. Quel type de maison a des logements séparés sur plusieurs étages?
   a. Les maisons en rangée
   b. Les maisons jumelées
   c. Les maisons d'appartements
   d. Les maisons isolées

4. Quel type de maison est indépendante?
   a. Les maisons en rangée
   b. Les maisons jumelées
   c. Les maisons d'appartements
   d. Les maisons isolées

10-34 **Les quartiers montréalais.** Review **Les habitations montréalaises** (p. 324) in your textbook and write the names of two districts in which each of these styles of houses can be found in Montréal.

1. Les maisons en rangée: _____

2. Les maisons jumelées: _____

3. Les maisons d'appartements: _____

4. Les maisons isolées: _____

10-35 **L'éclectisme architectural de Montréal.** Review **Montréal: Une ville à la beauté éclectique. Martine Bouliane, La Presse (Juin 2005)** (p. 325) in your textbook and choose the answer that correctly completes each sentence.

1. Cleinge [pense / ne pense pas] que les plus belles maisons et quartiers se trouvent à Outremont ou Westmount.

2. Cleinge [aime / n'aime pas] le Vieux Montréal.

3. Pour Cleinge, le quartier du Plateau est le quartier [le plus / le moins] intéressant de Montréal.

4. Cleinge aime les quartiers à l'Est de la Montagne pour [leurs styles architecturaux / leurs populations hétérogènes]

5. Pour Cleinge, Montréal [est américaine et européenne à la fois / n'est ni américaine ni européenne]

6. Cleinge a transformé [une maison victorienne / un hangar] en un immeuble minimaliste.

7. Les pièces dans le logement de Cleinge sont généralement [ouvertes / fermées].

10-36 **La résidence d'Henri Cleinge.** Visit the website of Henri Cleinge, Architecte, take a tour of his residence, and then choose the answer that best completes each statement.

Images 1 et 8

1. La façade est en [bois / brique(s) / béton].

2. Il y a [une / deux / trois] fenêtre(s).

3. Il y a [un / deux / trois] étage(s).

4. La porte d'entrée est [en bois / en métal / en verre].

Image 2

5. Cette pièce, c'est [la chambre et la salle familiale / la salle familiale et la cuisine / la salle familiale et la cave].

Image 5

6. Dans la cuisine, on voit [un évier et un réfrigérateur / un évier et un four / un évier et un lave-vaisselle].

Point d'intérêt

10-37 **Les Québécois et leur maison idéale.** Review the text **La maison idéale selon les Québécois – le 15 avril 2007** (p. 326) in your textbook and indicate whether the following statements are true (*Vrai*) or false (*Faux*).

1. Les Québécois veulent une maison en ville.	V	F
2. Le type de maison préféré par les Québécois est un cottage.	V	F
3. Une majorité de Québécois veulent une maison de deux étages sans sous-sol.	V	F
4. Une majorité de Québécois veulent acheter une maison neuve.	V	F
5. Idéalement, la maison doit avoir 10 pièces.	V	F
6. La maison idéale a 2 salles de bains.	V	F
7. La moitié des Québécois veulent une salle de bains attenante à la chambre des maîtres, pour l'autre moitié, ce n'est pas une nécessité.	V	F
8. La salle familiale est un concept d'origine québécoise.	V	F
9. Les Québécois recherchent une cuisine ouverte sur la salle à manger.	V	F
10. Une minorité de Québécois veulent une cheminée dans leur maison.	V	F
11. Plus de la moitié des Québécois veut une maison avec un garage qui peut contenir deux voitures.	V	F
12. Le garage doit être séparé de la maison.	V	F

10-38 **La cabane au Canada.** Visit the TV5 website and watch the first segment in Déco à Québec on the log house. Identify all the furnishings and/or appliances that you did *not* see in each of these rooms.

1. **Le salon:** des canapés, des fauteuils, une cheminée en pierre, une petite table basse en bois, une console en bois avec des photos, une lampe

2. **La salle à manger:** une grande table en bois avec un dessus en verre, un banc (*bench*), des chaises noires en cuir, un chandelier, un buffet

3. **La cuisine:** un îlot , des placards, un réfrigérateur, un évier, une gazinière, un lave-vaisselle, une table, des tabourets (*stools*), des étagères, des chaises

4. **La pièce de lecture:** un canapé, une petite lampe, un tableau, une peau de coyote, une armoire

5. **La salle de bains attenante à la pièce de lecture:** une douche, une baignoire, un lavabo, des rideaux

6. **La chambre et la salle de bains des maîtres:** un grand lit, un tapis, un fauteuil, une baignoire, une douche, un lavabo, une armoire à pharmacie

10-39 **La maison victorienne.** Visit the TV5 website and watch the second segment in Déco à Québec on the Victorian house, and indicate whether the following statements are true (*Vrai*) or false (*Faux*).

1. Les maisons victoriennes ne sont pas appréciées des Québécois.   V   F

2. La maison de Manon et Sylvain a été construite au 18ème siècle.   V   F

3. Manon et Sylvain ont dû isoler leur maison.   V   F

4. Manon et Sylvain ont gardé de nombreuses antiquités dans leur maison.   V   F

5. Le poêle (*stove*) Bélanger est typiquement britannique.   V   F

6. La tricoteuse n'a pas de bras (*armrests*) pour permettre aux personnes un peu grosses d'être assises confortablement.   V   F

10-40 **La maison d'Henri Cleinge à Montréal.** Visit the TV5 website and watch and watch the third segment in Déco à Québec on Henri Cleinge's house in Montreal. Then choose the answer that correctly completes each sentence.

1. La Petite Italie est un quartier [résidentiel / industriel / résidentiel et industriel].

2. La résidence d'Henri Cleinge est un ancien [hangar à grains / entrepôt à vin / hangar à trains].

3. Les maisons à Montréal ont typiquement une ouverture à [l'avant uniquement / l'avant et l'arrière / l'arrière uniquement].

4. Pour permettre à la lumière d'entrer dans sa maison, Henri Cleinge a [installé de nombreuses lampes / construit une grande verrière / installé de nombreuses fenêtres].

Nom: _____ Date: _____

10-41 **Ma ville, mon quartier.** Listen to the passages and indicate whether the following statements are true (*Vrai*) or false (*Faux*).

1. Le Xe arrondissement est resté le même depuis la naissance de Chloë. V F

2. Le quartier du Canal Saint-Martin a servi de décor à un film français célèbre. V F

3. Le quartier du Canal Saint-Martin est très commerçant. V F

4. La population du quartier du Canal Saint-Martin est très diverse. V F

5. L'arrivée des bobos dans le quartier du Canal Saint-Martin a fait baisser le prix de l'immobilier. V F

6. Le quartier du Canal Saint-Martin et celui du Plateau ont de nombreux points en commun. V F

7. Les bobos ont amené avec eux sur le Plateau des boutiques et des restos branchés. V F

8. Le Plateau est un quartier peu animé. V F

9. Le quartier du Plateau est un paradis pour les automobilistes. V F

10. Le Plateau est un quartier multiculturel où toutes les populations sont bien intégrées. V F

10-42 **Des quartier similaires?** Listen to the passages again, and list 6 ways in which the Quartier du Canal St. Martin and the Plateau are similar.

_____

_____

_____

Travail d'ensemble

10-43 **"Branchitude."** In your city, which districts are considered 'hip'? What makes them 'hip'? What types of housing, residents, and stores do you find in these districts? Write a 12-sentence paragraph in which you provide these details.

_____

_____

_____

_____

_____

_____

_____

_____

A votre tour!

Zoom sur...

10-44 **Décrire pour séduire.** Read the descriptions of two areas in Québec City where two rentals proposed by *LocaVacances* are located, and match each of the phrases below with its meaning.

La Cité

Berceau de la Nouvelle-France et de la présence francophone en Amérique du Nord, l' arrondissement de la Cité, d'une superficie de 11,82 km2, est caractérisé par des quartiers pittoresques et diversifiés (Vieux-Québec Haute-Ville et Basse-Ville–Cap-Blanc–colline Parlementaire, Saint-Jean-Baptiste, Montcalm, Saint-Sacrement, Saint-Sauveur et Saint-Roch), un patrimoine riche, une architecture spécifique à chaque quartier, une mixité de rues commerciales, résidentielles et d'affaires. On y trouve de nombreux équipements de loisirs, culturels et touristiques. La Cité est un lieu de rassemblement, de rencontre, de travail et de vie animée où vous aimerez séjourner.

Rivière-des-Prairies–Pointe-aux-Trembles

L'arrondissement de Rivière-des-Prairies–Pointe-aux-Trembles couvre une superficie de près de 49,17 km2, et est de ce fait l'arrondissement le plus grand de la Ville de Montréal. Situé à proximité de grands axes routiers et d'installations portuaires, l'arrondissement a commencé à se développer dans les années 1960 et possède aujourd'hui de nombreux espaces verts qui offrent à ses résidents et aux visiteurs une variété d'activités récréotouristiques dans un cadre merveilleux où la faune et la flore cohabitent harmonieusement.

1. berceau de la Nouvelle-France _____

2. un patrimoine riche _____

3. une architecture spécifique à chaque quartier _____

4. situé à proximité de grands axes routiers et d'installations portuaires _____

5. possède aujourd'hui de nombreux espaces verts _____

a. le style des maisons change de quartier en quartier

b. proche des autoroutes et des docks

c. la cité est le lieu de naissance du Québec

d. de nombreux monuments historiques ont été préservés

e. a de nombreux jardins et parcs

10-45 **A chacun son goût.** Based on the descriptions of La Cité and Rivière-des-Prairies–Pointe-aux-Trembles, select which area of Québec would be a better match, given the tastes of the people below.

1. Paul aime l'histoire.
   a. La Cité   b. Rivière-des-Prairies–Pointe-aux-Trembles

2. Sylvain et Carine aiment la verdure.
   a. La Cité   b. Rivière-des-Prairies–Pointe-aux-Trembles

3. Guilaine aime faire des randonnées à vélo.
   a. La Cité   b. Rivière-des-Prairies–Pointe-aux-Trembles

4. Jean et Pascaline aiment la vie au calme.
   a. La Cité   b. Rivière-des-Prairies–Pointe-aux-Trembles

5. Zoë aime les arts.
   a. La Cité   b. Rivière-des-Prairies–Pointe-aux-Trembles

6. Patricia aime pouvoir se déplacer facilement.
   a. La Cité   b. Rivière-des-Prairies–Pointe-aux-Trembles

7. Antoine aime les vieux monuments.
   a. La Cité   b. Rivière-des-Prairies–Pointe-aux-Trembles

10-46 **Les atouts de chaque arrondissement.** Read again the descriptions of the kinds of assets La Cité and Rivière-des-Prairies–Pointe-aux-Trembles have to offer, and match each activity with the area where it is available.

1. a des pistes cyclables pour permettre la découverte de sa beauté naturelle
   a. La Cité   b. Rivière-des-Prairies–Pointe-aux-Trembles

2. présente chaque année des festivals de renommée internationale
   a. La Cité   b. Rivière-des-Prairies–Pointe-aux-Trembles

3. a un patrimoine historique riche
   a. La Cité   b. Rivière-des-Prairies–Pointe-aux-Trembles

4. est un paradis pour les artistes
   a. La Cité   b. Rivière-des-Prairies–Pointe-aux-Trembles

5. a deux parcs-nature avec des écosystèmes divers
   a. La Cité   b. Rivière-des-Prairies–Pointe-aux-Trembles

6. a plusieurs parcs et jardins
   a. La Cité   b. Rivière-des-Prairies–Pointe-aux-Trembles

7. a une vie culturelle riche
   a. La Cité   b. Rivière-des-Prairies–Pointe-aux-Trembles

10-47 **Québec sens dessus dessous.** Some people are vacationing in Québec City where they rented an apartment, and they are wondering what to do there. Match each profile with the tour that person could do while they are in town.

1. un amateur d'histoire _____

2. un fin gourmet _____

3. un collectionneur de meubles anciens _____

4. un amateur d'art _____

5. un sommelier (*wine waiter*) _____

6. un fana du shopping _____

7. un amoureux de la nature _____

8. un amateur des traditions artisanales anciennes _____

a. Rues branchées

b. Chemin des antiquaires

c. Chemin des galeries d'art

d. Circuit des monuments

e. Tournées des restaurants

f. Route des vins

g. Tournée campagne

h. Tournées des écomusées (*honey making shop, stained glass store*, etc.)

Intégration

10-48 **Quartier recherché.** You are looking into renting an apartment in Québec City for the summer, but you have not settled on an area yet. In order to help you decide where to look, make a 12-item list of the things and activities you would like to have available.

_____

_____

_____

_____

10-49 **Logement recherché.** You are looking into renting an apartment in Québec City for the summer, but you have not settled on what kind of apartment you would like. In order to help you decide, make a 12-item list of the amenities you would absolutely need to have.

_____

_____

_____

_____

11 Comment se soigner et maintenir la forme?

Pour commencer

 11-01 **Chez le pharmacien.** Clémence is with a pharmacist who is recommending medicine for her ailment. Watch the video and select all the statements below that are used.

_____ 1. Ce qu'il faudrait prendre c'est ça.

_____ 2. Ce sont des pulvérisations à faire au fond de la gorge.

_____ 3. Vous avez de la fièvre?

_____ 4. Vous avez une pneumonie?

_____ 5. Ça va déjà vous soulager assez rapidement.

_____ 6. Je vous remercie beaucoup en tous cas, je vais prendre ces deux produits.

11-02 **Les mots justes.** What are Clémence and the pharmacist saying? Watch the video clip once more and complete the sentences with the missing words.

1. Ça c'est ce qu'_____ un collutoire.

2. C'est une pulvérisation _____ et à gauche, quatre fois par jour.

3. Et puis ça calmera _____.

4. Je vous dis que ça agit _____ et douleur.

5. Donc ça va à la fois enlever votre fièvre et vous soulager de toutes _____.

6. Et je vous dis, donc, s'il n'y a pas d'amélioration sous 48 heures, faudrait voir

   _____.

Pour bien communiquer: Les parties du corps, les maladies et les remèdes

11-03 Où est...? Listen to the recording and select the items named.

_____ 1. l'oreille

_____ 2. la bouche

_____ 3. l'œil

_____ 4. les lèvres

_____ 5. le nez

_____ 6. les dents

_____ 7. le sourcil

_____ 8. la gorge

_____ 9. la main

_____ 10. le menton

11-04 Qu'est-ce que c'est? Look at the photo and write the French word for each part of the body indicated. Be sure to include the definite article with each word.

1. _____

2. _____

3. _____

4. _____

5. _____

6. _____

7. _____

8. _____

9. _____

10. _____

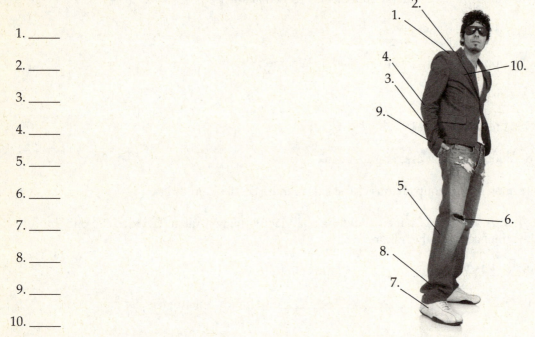

11-05 Qu'est-ce que je prends? Suggest remedies for the following symptoms. Complete the sentences by choosing the appropriate medicine.

1. Sélim a mal au ventre. Il a besoin de/d' [a. deux aspirines   b. un antiacide   c. sirop].

2. Clémence a mal à la tête. Elle devrait prendre [a. des gouttes pour le nez   b. un sirop   c. de l'aspirine].

3. De temps en temps, j'ai un rhume et j'ai le nez qui coule. Le médecin me suggère [a. des gouttes pour le nez   b. des aspirines   c. un antiacide].

4. Sébastien a une infection. Il devrait prendre [a. des antibiotiques   b. des aspirines   c. un sirop].

5. Elle a de la fièvre. Elle a besoin [a. de gouttes pour le nez   b. d'aspirines et de repos   c. d' un sirop].

6. Chloë, par contre, elle tousse. Elle va chez le pharmacien et achète [a. des aspirines   b. des gouttes pour le nez   c. un sirop].

Voix francophones au présent: Médecine douce ou médecine générale?

11-06 **Médecine douce ou générale?** Listen to the **Voix francophones au présent** broadcast and choose the information that correctly completes each statement.

1. Annick trouve que la médecine homéopathique [a. peut être utile pour les problèmes hormonaux b. a trop d'effets secondaires].

2. Annick utilise des médicaments classiques [a. car ils sont un bon compromis   b. pour les problèmes de santé plus sérieux].

3. Chloë utilise l'homéopathie [a. parce qu'elle est malade régulièrement   b. au quotidien].

4. Quand elle ne se sent pas bien, elle observe ses symptômes et [a. demande des conseils à sa mère b. cherche le médicament correspondant dans un livre].

5. Noah ne croit pas à l'homéopathie. [a. Il trouve que son efficacité reste à prouver scientifiquement. b. Il croit que l'homéopathie est trop dangereuse.]

6. Tinh pense que l'homéopathie ne peut pas remplacer la médecine générale. [a. Mais elle est efficace pour les malaises de la vie quotidienne.   b. Il croit que les résultats ne sont pas bons.]

11-07 **Types de médecine.** Listen once more to the **Voix francophones au présent** broadcast. This time, complete the sentences with the missing words.

1. Pierre: Bonjour à tous, le thème de notre émission aujourd'hui est

   _____ et les Francophones.

2. Annick: Je me sers surtout de l'homéopathie pour les problèmes

   _____.

3. Annick: J'utilise aussi les médicaments classiques pour les problèmes

   _____ plus sérieux.

4. Chloë: Je ne suis pas de nature à _____ régulièrement.

5. Noah: Son efficacité _____ scientifiquement.

6. Tinh: Il est évident que l'homéopathie ne peut pas _____ la

   médecine générale.

7. Tinh: Mais bon, il faut reconnaître que l'homéopathie _____.

8. Pierre: Ils emploient l'homéopathie sans complètement

   _____ la médecine allopathique.

11-08 **Son opinion.** Do the following opinions about medicine apply to Annick, Chloë, Noah, or Tinh? Select the name of the correct person.

1. Je ne crois pas à l'homéopathie.
   Annick   Chloë   Noah   Tinh

2. J'utilise l'homéopathie au quotidien.
   Annick   Chloë   Noah   Tinh

3. Je me sers de l'homéopathie pour des problèmes hormonaux.
   Annick   Chloë   Noah   Tinh

4. L'homéopathie ne peut en aucun cas remplacer la médecine générale.
   Annick   Chloë   Noah   Tinh

5. Je préfère la médecine générale qui a suivi des tests comparatifs rigoureux.
   Annick   Chloë   Noah   Tinh

6. Il faut reconnaître que l'homéopathie a ses limites.
   Annick   Chloë   Noah   Tinh

Les Français et les médecines naturelles

11-09 **C'est vrai ou faux?** Review the text **Les Français et les médecines naturelles** (p. 342) in your textbook and decide whether the following statements are true (*Vrai*) or false (*Faux*).

1. Les médecines naturelles deviennent de plus en plus rares en France.   V   F

2. Les femmes utilisent les médecines naturelles plus que les hommes.   V   F

3. Les ouvriers emploient les médecines naturelles plus que les retraités.   V   F

4. L'homéopathie et l'ostéopathie sont les spécialités les plus utilisées, suivies de
   près par la phytothérapie, l'acupuncture et la thalassothérapie.   V   F

5. Les Français utilisent les médecines naturelles avant tout parce qu'ils les
   estiment efficaces.   V   F

6. Les Français utilisent les médecines naturelles principalement pour traiter les maladies
   plus sérieuses comme les cancers, la maladie de Parkinson et d'Alzheimer.   V   F

Pour bien communiquer: Opinions sur les remèdes médicaux

11-10 **Pour ou contre l'homéopathie?** Read the statements given below, and indicate whether the opinion expressed is for (**pour**) or against (**contre**) homeopathic medicine.

1. Je préfère avoir recours à la médecine allopathique.   pour   contre

2. Son efficacité reste à prouver scientifiquement.   pour   contre

3. Je l'utilise au quotidien.   pour   contre

4. J'essaie de privilégier la médecine homéopathique.   pour   contre

5. Elle a des effets positifs contre les maladies quotidiennes.   pour   contre

6. Il faut reconnaître qu'elle a des limites.   pour   contre

11-11 **Et vous?** What do you do when you are feeling ill? What kinds of remedies do you use? Use the expressions in **Pour bien communiquer: Opinions sur les remèdes médicaux** to tell about what you do.

_____

_____

_____

_____

Pour bien prononcer: The letters *in* and *im*; *on* and *om*; *um*

11-12 **Les lettres *in/im; on/om; um*.** Read the sentences below, and give your pronunciation of each one orally. Be careful to pronounce the sounds as in the French words **vingt** (20) or **onze** (11). Make sure that there is no trace of the sound **n** or **m** when pronouncing **in, im, on, om,** and **um.**

1. J'ai une **in**fect**ion** et j'ai beso**in** d'aller voir le médec**in**.

2. C'est une **in**digest**ion** que j'ai. J'ai tous les sy**m**ptômes: je n'ai pas fa**im** et je ne me sens pas bien.

3. Après une c**on**versat**ion** avec m**on** médec**in**, nous av**on**s opté pour des remèdes doux.

4. J'ai empr**un**té **un** livre pour diagnostiquer les sy**m**ptômes de s**on** **in**dispositi**on**.

11-13 **Voyelle orale ou voyelle nasale?** Read the following sentences and decide whether the letters in bold are pronounced with an oral vowel or a nasal vowel. Write O for oral, or N for nasal.

1. La pharmac**ienne** 1. _____ m'a donné des médicam**en**ts 2. _____ pour mes sympt**ô**mes 3. _____.

2. Jean 4. _____ a pris des aspirines pour sa migra**ine** 5. _____.

3. Elle utilise l'h**om**éopathie 6. _____ au quotid**ien** 7. _____, mais elle utilise des médicam**en**ts 8. _____

   classiques pour des problè**m**es 9. _____ sérieux.

Comment dire?

The conditional of regular verbs

11-14 **Quel verbe est au conditionnel?** Some sentences imply a condition whereas others do not. Listen to the recorded sentences. Identify those that include the conditional by selecting C and those that include the indicative by selecting I.

1. C   I

2. C   I

3. C   I

4. C   I

5. C   I

6. C   I

11-15 **Au conditionnel.** People often have choices to make, depending on the circumstances. Complete the following sentences by conjugating the verb in the conditional.

1. Tu _____ (aimer) voir le médecin pour ta toux?

2. Nous _____ (utiliser) l'homéopathie au quotidien.

3. Qu'est-ce que vous _____ (prendre) pour une toux?

4. Est-ce que tu _____ (prendre) de la médecine douce?

5. Tu _____ (consulter) un médecin pour quelque chose de grave, n'est-ce pas?

6. Je ne _____ (recommander) jamais la médecine homéopathique.

11-16 **Qu'est-ce que tu ferais?** What you would do with regard to each of the following topics? Write sentences using the conditional form of each verb, and provide a reason for your choice.

Modèle: prendre des médecines douces
        Je prendrais des médecines douces parce que je crois qu'elles sont utiles.

1. demander des conseils au pharmacien

_____

2. consulter un médecin pour une maladie grave

_____

3. choisir une thérapie homéopathique

_____

4. devenir pharmacien

_____

The conditional of irregular verbs

11-17 **Quel est le verbe?** Irregular verbs are sometimes hard to identify. Listen to the recording and identify the irregular verb in the conditional. Select the infinitive from the choices given.

1. a. aller   b. savoir   c. être

2. a. faire   b. falloir   c. devoir

3. a. faire   b. savoir   c. être

4. a. savoir   b. pouvoir   c. voir

5. a. avoir   b. devoir   c. faire

6. a. pouvoir   b. falloir   c. voir

11-18 **Verbes irréguliers.** Medical issues involve decisions and choices. Complete the following sentences with the correct form of the verb in the conditional.

1. Elle _____ (vouloir) essayer l'homéopathie.

2. Est-ce que tu _____ (pouvoir) me téléphoner demain?

3. A ta place, j'_____ (aller) voir le médecin.

4. _____ (pouvoir)-vous nous donner des antibiotiques?

5. Ils _____ (venir) en cas d'urgence.

6. Le docteur m'a dit qu'il te _____ (voir) la semaine prochaine.

Travail d'ensemble

11-19 **Mon rhume.** Imagine that you have a cold or the flu, and you call the pharmacist seeking help. Describe your symptoms orally and ask for advice about what to take for the illness.

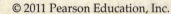

Pour aller plus loin

Pourquoi manger bio?

11-20 **C'est quoi, exactement?** Review **Pourquoi manger bio?** (p. 348) in your textbook and indicate whether the following statements are true (*Vrai*) or false (*Faux*).

1. La nourriture bio contient une quantité d'OGM.   V   F

2. Les gens mangent la nourriture bio parce qu'elle a meilleur goût.   V   F

3. On préfère la nourriture bio parce qu'elle ne contient pas de pesticides.   V   F

4. A la ferme, on emploie des antibiotiques pour s'assurer que les poules et les cochons
   n'ont pas de maladies.   V   F

5. Dans l'élevage bio, on n'emploie ni colorants chimiques ni conservateurs.   V   F

6. On a montré que les produits bio ont une qualité nutritionnelle supérieure aux produits
   conventionnels.   V   F

Le guide alimentaire français

11-21 **De bons conseils.** Review the text **Le Guide de l'Alimentation** (p. 349) in your textbook and match each description with the correct answer.

1. Il faut manger cinq fois par jour: _____   a. de l'eau

2. Il faut manger trois fois par jour: _____   b. des fruits et des légumes

3. Il faut faire boire à volonté: _____   c. bouger

4. Il faut manger à chaque repas: _____   d. des féculents

5. Il faut limiter la consommation: _____   e. des aliments gras, salés et sucrés

6. Il faut faire au moins 30 minutes par jour: _____ f. des produits laitiers

Pour bien communiquer: Manger bien et faire de l'exercice

11-22 **De bonnes habitudes.** Listen to the statements and select all the ones that describe a person with good living habits.

1. _____

2. _____

3. _____

4. _____

5. _____

6. _____

🔊 **11-23** **Et vous?** What are your eating habits? How often do you exercise? What would you change about your daily routine? Answer the questions you hear about your own habits, using complete sentences.

1. _____

2. _____

3. _____

4. _____

Le sport, c'est bon pour la santé

11-24 **Les bénéfices du sport.** People who participate in sports regularly enjoy many health benefits. Review the text **Le sport, c'est bon pour la santé** (p. 351) in your textbook and select the answer that best completes each sentence.

1. De récentes études démontrent que l'activité régulière aide à [a. cesser de fumer   b. réduire la consommation d'alcool   c. promouvoir le bon fonctionnement du cerveau].

2. Le sport est aussi un facteur d'équilibre de la santé mentale. Il [a. maintient la masse osseuse   b. prévient une dépression   c. aide à manger mieux].

3. Si la pratique du sport est une contrainte, vous risquez [a. d'abandonner vite   b. de tomber malade   c. de faire une dépression].

4. Il faut essayer plusieurs activités avant de s'engager: [a. tester les restaurants les plus proches   b. alterner des activités sportives   c. discuter avec votre pharmacien]

5. Si vous aimez les activités de groupe, essayez [a. le foot   b. le jogging   c. la natation].

6. Si vous aimez les activités individuelles, essayez [a. le volleyball   b. la marche   c. le basket].

Comment dire?

If-then clauses (likely situations)

11-25 **Conséquences.** There are usually consequences to certain actions or inactions. Select the correct form of the verb in the following if-then sentences.

1. Si tu manges toujours du fast-food, tu [a. risquais   b. risques] de prendre du poids.

2. Si tu ne te sens pas bien, [a. va   b. ira] voir le pharmacien.

3. Si tu veux, on [a. fera   b. faisait] du sport ensemble.

4. [a. Allons essayer   b. Essayez] la marche si vous aimez les sports individuels.

5. Si tu cesses de fumer tu [a. vas te sentir   b. sens] mieux.

6. Tu [a. abandonnes   b. abandonneras] rapidement si tu n'aimes pas le sport que tu pratiques.

11-26 **De bonnes habitudes.** Good health habits promote well-being and avoid dangerous conditions. Complete the sentences with the correct form of the verb in the present, future, or immediate future.

1. Si Chloë mange toujours du fast-food, elle _____ (risquer) de prendre du poids.

2. Si Sébastien mange une nourriture saine et équilibrée, il _____ (se sentir) mieux.

3. Si Chloë fait du sport au moins deux fois par semaine, elle _____ (prévenir) une dépression nerveuse.

4. Si Clémence suit les conseils du pharmacien, elle n'_____ (avoir) pas de douleurs.

5. Si Martine évite le fast-food et si elle mange une nourriture saine et équilibrée, elle _____ (contribuer) à son bien-être.

6. Si Noah continue à faire du jogging il _____ (réduire) l'apparition de maladies cardiovasculaires.

If-then clauses (unlikely situations)

11-27 **Hypothèses.** Some hypotheses present unlikely situations. Complete the following sentences by selecting the correct verbs in the **imparfait** and the **conditionnel**.

1. Si tu [a. avais   b. aurais] quelque chose de grave, est-ce que tu [c. vas   d. irais] chez l'homéopathe?

2. Il dit que s'il [a. fait   b. faisait] des études avancées, il [c. est   d. serait] médecin.

3. Si vous le [a. pouvez   b. pouviez], [c. aller   d. iriez]-vous en Afrique avec Médecins sans frontières?

4. Nous ne [a. travaillerions   b. travaillons] pas si nous [c. avons   d. avions] le choix.

5. Si je le [a. pourrai   b. pouvais], je le [c. ferais   d. fais].

6. Ils [a. veulent   b. voudraient] t'aider si tu les [c. payais   d. paies].

11-28 **Supposons que…** Sometimes people are confronted with choices and consequences. Complete the following sentences with the verbs provided, being sure to use the correct verb tense, either the **imparfait** or **conditionnel**.

1. Elle _____ (prendre) du sirop si elle toussait.

2. Il m'avait dit que si je _____ (travailler) beaucoup, je serais médecin.

3. Nous _____ (dire) aussi que nous serions riches.

4. Si tu _____ (avoir) mal au ventre, qu'est-ce que tu prendrais?

5. Si vous aviez plus de temps libre, qu'est-ce que vous _____ (aimer) faire?

6. S'ils avaient le temps, ils _____ (attendre) le médecin plus longtemps.

Travail d'ensemble

11-29 **Mes vacances.** Imagine that you are going on vacation after a long period of very hard work at school. For this reason, you are anxious to relax completely, and you will temporarily let go of your normally good eating habits and exercise routine. Write a friend an email to tell him or her what you will and won't do during your vacation. Write at least five sentences.

_____

_____

_____

_____

_____

A la découverte

Petit tour d'horizon

11-30 **La santé dans le monde.** Review the text **Le monde et la francophonie: Etat de santé** (p. 354) in your textbook and choose the answer that best completes each statement.

1. Récemment, une trentaine de nouvelles maladies infectieuses ont été [éradiquées / identifiées] dans le monde.

2. [D'anciennes / De nouvelles] maladies qu'on pensait éradiquées, réapparaissent.

3. Les maladies infectieuses causent [plus de / moins de] décès dans les pays développés que dans les pays en développement.

4. Environ 70% des infections sont transmises par [les hommes et les animaux / les animaux et l'alimentation].

5. Les progrès de la vie moderne ont [limité / contribué à] l'apparition de maladies.

11-31 **Causes et effets.** Review the text **Le monde et la francophonie: Etat de santé** (p. 354) in your textbook and match each phrase with the correct ending to form complete sentences.

1. Plus les moyens de transport sont rapides plus _____

2. Plus les gens consomment d'antibiotiques, plus _____

3. Plus les forêts sont déboisées (*cut*), plus _____

4. Plus la mortalité parmi les jeunes augmente, plus _____

5. Plus la construction de barrages augmente plus _____

a. la situation économique d'un pays se détériore.

b. l'homme est exposé à des germes qui peuvent être dangereux.

c. les microbes se propagent rapidement.

d. les moustiques vecteurs de maladie se multiplient.

e. les microbes deviennent résistants.

11-32 **Le SIDA dans le monde.** Review the text **SIDA: Les tendances aujourd'hui** (p. 355) in your textbook and indicate whether the following statements are true (*Vrai*) or (*Faux*).

1. Le nombre d'infections par le VIH continue d'augmenter.   V   F

2. Aujourd'hui, le SIDA n'est plus parmi les premières causes de décès à l'échelle mondiale.   V   F

3. L'Afrique sub-saharienne recense le plus grand nombre de personnes infectées par le VIH.   V   F

4. Le SIDA est la première cause de décès en Afrique sub-saharienne.   V   F

5. L'épidémie n'a pas encore touché l'Asie.   V   F

6. En Europe, les Français et les Anglais sont les plus concernés par l'épidémie.   V   F

7. L'accès aux traitements antirétroviraux est aujourd'hui universel.   V   F

11-33 **Que faire?** Review the text **SIDA: Les tendances aujourd'hui** (p. 355) in your textbook and choose the answers that best complete the following paragraph.

Aujourd'hui la lutte contre le SIDA est plus intense parce que l'engagement politique de la communauté est 1. [apathique /dynamisé]. Du côté médical, les programmes de prévention et de traitement du SIDA ont faits des progrès 2. [énormes / minimes]. Les financements ont 3. [augmenté / diminué]. Cependant, ces financements demeurent 4. [suffisants / insuffisants] pour combattre le SIDA dans les pays en développement.

Point d'intérêt

11-34 **Jeanne Gapiya-Niyonzima.** Review the text **Jeanne Gapiya-Niyonzima, une figure emblématique de la lutte contre le SIDA au Burundi** (p. 356) in your textbook and choose the correct answer.

1. Jeanne Gapiya-Niyonzima a découvert sa séropositivité [à 21 ans / il y a 21 ans].

2. Jeanne Gapiya-Niyonzima a perdu [3 / 4] membres de sa famille à cause du SIDA.

3. La séropositivité de Jeanne Gapiya-Niyonzima a été révélée publiquement par [elle-même / un membre de sa famille].

4. Le Centre Turiho [défend les droit des personnes infectées par le VIH / administre les traitements antirétroviraux aux personnes infectées par le VIH].

5. Les conséquences du SIDA [sont uniquement / ne sont pas uniquement] médicales et cliniques.

11-35 **Jeanne Gapiya-Niyonzima et les orphelins du SIDA.** Review the text **Jeanne Gapiya-Niyonzima, une figure emblématique de la lutte contre le SIDA au Burundi** (p. 356) in your textbook and indicate whether the following statements are true (*Vrai*) or false (*Faux*).

1. Le SIDA n'affecte pas les très jeunes et les personnes âgées.   V   F

2. Les orphelins du SIDA doivent assumer des responsabilités qui ne sont pas de leur âge.   V   F

3. Paris SIDA Sud prend en charge une partie des orphelins du SIDA au Burundi.   V   F

4. Le nombre d'orphelins du SIDA au Burundi s'élève â 300 enfants.   V   F

11-36 **Kimia, orpheline de père et mère.** Read the passage below and indicate whether the following statements are true (*Vrai*) or false (*Faux*).

Kimia n'a pas vraiment de souvenir de son père qui est mort du SIDA quand elle n'avait que deux ans. Quatre ans plus tard sa mère succombait elle aussi du SIDA. «Ma mère me manque. C'était une femme belle et forte. Elle m'adorait. J'ai un souvenir très fort d'elle». A la suite de cette tragédie, sa grand-mère l'a recueillie dans sa maison. Kimia a grandi en appelant sa grand-mère «maman». «Ma grande-mère était veuve (*widow*), elle n'avait pas de travail, et elle était très pauvre. Elle n'avait qu'un minuscule jardin où elle cultivait quelques légumes qu'elle vendait au marché. C'était sa seule source de revenus. On ne mangeait pas toujours à notre faim et elle ne pouvait certainement pas payer mes frais de scolarité. Alors, je restais à la maison et je l'aidais du mieux que je pouvais. Sa santé n'était pas toujours très bonne». En 2005, Paris SIDA Sud a pris en charge non seulement les frais de scolarité de Kimia mais lui a donné un appui nutritionnel et vestimentaire. «C'était absolument incroyable! Ça m'a donné la chance d'avoir de la nourriture, des vêtements, mais surtout d'aller à l'école, de recevoir une éducation, et d'être avec d'autres enfants avec qui jouer. Certains de mes nouveaux camarades d'école et moi avions quelque chose en commun: nous étions orphelins. On se comprenait», dit-elle. «A partir de ce moment, je me suis sentie mieux et je pouvais envisager l'avenir. Chaque jour, à mon réveil, j'avais quelque chose à manger, j'avais des vêtements pas déchirés à mettre, j'avais un but, étudier et pouvoir aider ma grand-mère et ma communauté plus tard. Beaucoup d'enfants burundais orphelins du SIDA n'ont pas la chance que j'ai. A côté d'eux, je me sens vraiment privilégiée. Ils sont sans abri car ils n'ont plus de famille. Ils vivent dans la rue, errent sans but précis à longueur de journée et sont souvent brutalisés et exploités. C'est triste», conclut-elle. Au delà de sa tragédie personnelle, Kimia reste optimiste et veut aider des orphelins comme elle à s'en sortir.

1. Kimia avait 2 ans quand sa mère est morte.   V   F

2. Après la mort de sa mère, Kimia est allée vivre chez sa grand-mère.   V   F

3. La grand-mère de Kimia était pauvre et elle n'avait pas beaucoup d'argent pour
   acheter de la nourriture.   V   F

4. Même si elle était pauvre, la grand-mère de Kimia a tout fait pour que sa petite fille
   puisse aller à l'école.   V   F

5. En 2005, Paris SIDA Sud a pris en charge Kimia totalement.   V   F

11-37 **Kimia et Paris SIDA Sud.** Complete the paragraph below with the correct words and phrases from the list.

frais de nourriture	orphelins	éducation	privilégiée	déchirés
frais de scolarités	chance	à sa faim	frais d'habillement	

Paris SIDA Sud a non seulement payé les 1. _____ de Kimia et elle a pu ainsi recevoir une

2. _____, ils ont aussi payé ses 3. _____ et Kimia a pu enfin manger 4. _____,

ils ont également payé ses 5. _____ et Kimia a finalement pu porter des vêtements qui n'étaient

pas 6. _____. Kimia se sent 7. _____, beaucoup d'autres 8. _____ n'ont pas

sa chance. Dans le futur, Kimia veut donner à d'autres orphelins la même 9. _____ qu'elle a eue.

11-38 **Bilan de santé dans le monde et comment agir.** Listen to the passages and indicate whether the following statements are true (*Vrai*) or false (*Faux*).

1. La malaria tue beaucoup de gens en Afrique surtout des jeunes. V F

2. La malaria ne peut pas être prévenue facilement. V F

3. "Unis contre la malaria" est un organisme qui traite les malades atteint de la malaria. V F

4. "Unis contre la malaria" utilise l'enthousiasme créé par la Coupe du monde 2012 pour faire passer son message de prévention. V F

5. Le moyen le plus simple de prévenir la malaria est de dormir sous une moustiquaire. V F

6. La brochure de l'UNESCO s'adresse aux jeunes qui veulent s'engager dans la prévention de la maladie. V F

7. Chloë dit qu'il est facile d'éradiquer les croyances populaires et les stéréotypes. V F

8. La brochure encourage une éducation sensibilisée aux valeurs, mentalités et modes de vie de chaque communauté. V F

11-39 **Mythes, tabous et préjugés.** Chloë talks about the myths, the taboos, and the prejudices that must be fought head-on. Which myths, taboos, or prejudices have you heard before about this disease? Read the two that are given, and provide two more.

"Le sida est un châtiment divin."
"On peut contracter le SIDA en touchant une personne infectée."

1. _____

2. _____

Travail d'ensemble

11-40 **Etes-vous engagé(e) dans une cause?** Discuss orally the kinds of volunteer work you do or have done in the past. Why did you choose that kind of work? What does/did it mean to you and those you work with? Be sure to speak for 1–2 minutes.

A votre tour!

Zoom sur…

11-41 **Un ami remarquable pour Ali (suite).** Read the second part of the story and choose the correct answer.

"D'accord. Assieds-toi. Ecoute."

John s'est mis à lire pendant une heure jusqu'à ce que sa mère l'appelle. "Bonne nuit, John." John a souri et a fait signe de la main.

Plus tard, ce soir-là, Ali a entendu sa mère et son père en train de discuter.

"Je ne vois pas où est le mal, le petit aime les histoires," a dit le père.

"Je sais mais j'ai peur," a répondu la mère. "Je ne veux pas qu'Ali aille de nouveau là-bas."

"Tu as vu cette pièce de théâtre que les gens de la clinique ont présentée l'an dernier. Tu ne peux pas être infecté en parlant à quelqu'un."

"Je n'ai jamais vu quelqu'un qui a le SIDA. Je ne suis pas à l'aise avec ça."

"Tu sais bien qu'Ali ne peut pas attraper le SIDA avec John. Il était instituteur en ville. C'est bon pour Ali," a dit le père.

"Le SIDA?" a pensé Ali. Il se souvenait de la pièce de théâtre. Il était désolé pour John. Pourquoi sa mère agissait-elle de la sorte?

Le jour suivant, Ali a parlé à son père.

"Père, est-ce que John a le SIDA?"

"Oui, Ali, il l'a."

"Qu'est ce qui va lui arriver?"

"Tu sais qu'il n'y a pas de remède pour le SIDA. Je suppose qu'un jour il deviendra très malade et mourra."

"Père, pourquoi ne veux-tu pas que j'aille le voir?"

"Alors tu as entendu notre conversation, Ali. Ta mère a peur. Les gens ont peur de ce qu'ils ne comprennent pas."

"Bon, je sais qu'on n'attrape pas le SIDA en parlant à quelqu'un qui l'a. Père, est-ce que je peux y aller pour écouter les histoires de John?"

"On va parler à ta mère. Je crois que ça va aller. Parfois les parents peuvent être stupides."

Plusieurs mois ont passé et Ali allait voir John presque tous les jours.

John lui racontait la vie en ville et parlait de ses élèves. Ali parlait de sa famille, de ses amis et de la vie au village.

John avait commencé à apprendre à écrire à Ali. Même la mère d'Ali a fini par connaître John et lui apportait des petits plats qu'elle mijotait (*cooked*).

Certains jours, John était tout simplement trop malade pour voir Ali.

© Farm Radio International / Radios Rurales Internationales

1. Qui a peur de John? [le père d'Ali / la mère d'Ali / le père et la mère d'Ali]

2. Quelle(s) idée(s) reçue(s) sur le SIDA est (sont) exprimée(s) dans le texte? On peut contracter le SIDA [si on touche / si on parle avec / si on salue] une personne infectée par la maladie.

3. Qui est avant tout Ali pour John? [le fils du voisin / un élève / un ami]

4. Quand Ali voit John, que font-ils? [Ils parlent de la maladie de John. / John apprend à lire à Ali. / Ils parlent de leur vie respective.]

11-42 **En final.** In your opinion, is the influence of John on Ali and his family positive or negative? Why? Quote sentences in the story that allowed you to come to this conclusion.

_____

_____

_____

_____

_____

11-43 **Un ami remarquable pour Ali (fin).** Read the final part of this story and then summarize in five sentences what Ali taught John and vice versa.

Une nuit, Ali est venu voir John. Ali posa la question: "John as-tu le SIDA?"

"Oui," répondit John.

"Je suis désolé pour toi."

"Aucune raison de se sentir mal, je suis heureux."

"Pourquoi, John?"

"J'ai de la chance de te connaître. En plus, je peux encore enseigner. Et tu me donnes la chance de le faire. Tu as beaucoup appris et tu m'en a appris beaucoup aussi."

"C'est vrai?"

"Oui. Tu m'as appris que les gens s'occupent des autres et peuvent être aimables. Tu vois, j'ai le SIDA et tu me parles encore." John a serré Ali contre lui et ils ont continué avec les cours.

Comme le temps passait, John s'affaiblissait *(weakened)* encore plus. Les cours se sont arrêtés. Les parents de John ont décidé de le ramener en ville pour qu'il soit près de son médecin. Ali a eu beaucoup de peine. Son ami allait lui manquer. Il est allé lui dire au revoir.

John lui a dit: "Ali, tu es un véritable ami. Tu me manqueras." John a serré Ali contre lui, a rassemblé ses bagages et est entré dans la voiture. "Avant que j'oublie, Ali, ceci est pour toi."

Il a passé un livre par la portière *(car door)* et avant qu'Ali ait pu dire quoi que ce soit, la voiture a démarré. Il y avait une note sur la couverture intérieure: "Ali, tu as rendu mon séjour ici vraiment très spécial. Je ne te remercierai jamais assez pour cela. J'espère que tu continueras à lire et à écrire. J'ai fait quelque chose de très important ces derniers mois, j'ai trouvé un grand ami. Je ne t'oublierai pas."

C'est la dernière fois qu'Ali a vu John. Juste avant de mourir, John a envoyé à Ali une lettre qu'il a pu enfin lire tout seul: "Au meilleur élève que j'aie jamais eu. J'espère que tu vas bien. Continue à apprendre. Un jour toi aussi tu peux devenir enseignant et partager avec les autres la leçon la plus importante dans la vie: comment être bon avec les autres."

L'année suivante, Ali est allé à l'école.

© Farm Radio International / Radios Rurales Internationales

_____

_____

_____

_____

_____

11-44 **De vrais amis.** In this final part of the story, identify six words, expressions, or gestures that let us know that the friendship between John and Ali is strong. List them below.

_____

_____

_____

Intégration

11-45 **Un ami remarquable pour Ali: les éléments clés de l'histoire.** Provide the following information, based on the story of Ali and John.

1. Le titre: _____

2. Le lieu de l'histoire: _____

3. Les personnages: _____

4. Le problème: _____

11-46 **Un ami remarquable pour Ali: le schéma de l'histoire.** Indicate the key stages in the narration of this story.

L'événement 1: _____

L'événement 2: _____

L'événement 3: _____

L'événement 4: _____

L'événement 5: _____

L'événement 6: _____

Le résultat: _____

12 Pensez vert

Pour commencer

12-01 Vélib'. Sélim is picking up Alexis so they can go to the movies together. He used a Vélib' bike. Watch the video and select all the statements that are used.

_____ 1. Je viens chercher Alexis qui habite à côté.

_____ 2. J'ai choisi de venir à Vélib'.

_____ 3. C'est très agréable quand il n'y a pas de vent.

_____ 4. Et en plus, c'est écologique.

_____ 5. Il y a très peu de Français qui utilisent des vélos.

_____ 6. C'est parfois très dur d'en trouver pour se déplacer.

12-02 Les mots justes. What is Sélim saying? Watch the video clip once more and complete the sentences with the missing words.

1. Je viens chercher Alexis qui habite à côté pour aller _____.

2. C'est très agréable quand il fait _____ comme ça.

3. En plus c'est très rapide de se déplacer à Paris _____.

4. Donc euh... je vous _____.

5. D'ailleurs il y a beaucoup _____ qui utilisent des vélos.

6. Voilà. Où est _____? On y va?

Pour bien communiquer: La consommation et le recyclage

12-03 **Alexis n'est pas écologique.** Look at the sketch of Alexis' apartment, where there are several instances of wasteful behavior. For each numbered item showing waste, identify and write the eco-friendly behavior from the list that Alexis should do instead.

> **utiliser une serviette   réparer le robinet   recycler les bouteilles en verre**
>
> **acheter des fruits frais locaux   remployer les sacs en plastique   éteindre la télé**

1. _____

2. _____

3. _____

4. _____

5. _____

6. _____

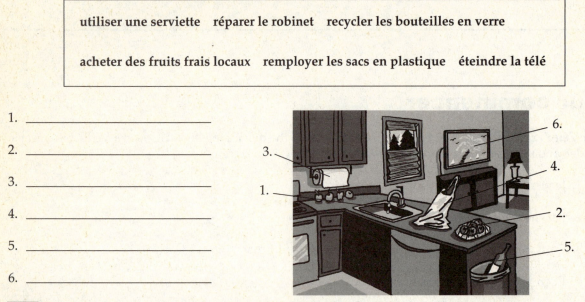

12-04 **Qu'est-ce que je fais?** Sélim is suggesting more ecological solutions to Alexis. Complete each sentence by choosing the appropriate solution.

1. Le robinet coule dans l'appartement d'Alexis. Sélim dit: [a. Il faut ouvrir le robinet.   b. Il faut réparer le robinet.   c. Appelle l'électricien.]

2. Il y a une bouteille en verre dans la poubelle. Sélim dit: [a. Tu devrais recycler le verre.   b. Il faudrait employer des sacs en plastique.   c. Tu devrais employer des nettoyants verts.]

3. La télévision et les lampes sont allumées. Sélim dit : [a. Il faudrait fermer le robinet.   b. Il faudrait recycler.   c. Il ne faut pas gaspiller l'électricité.]

4. Il y a des bouteilles en verre et du papier dans la poubelle. Sélim dit: [a. Tu ne devrais pas employer des choses jetables.   b. Tu devrais séparer les bouteilles en verre et le papier.   c. Il faut recycler le plastique.]

5. Alexis emploie des lampes ordinaires. Sélim lui dit: [a. Emploie des fluocompactes!   b. Utilise du Sopalin!   c. Eteins les lampes!]

Voix francophones au présent: Consommer peu et manger bien

12-05 **Consommer peu.** Listen to the **Voix francophones au présent** broadcast and indicate whether the following statements are true (*Vrai*) or false (*Faux*).

1. Pour Noah, le mot consommer lui fait penser à la consommation d'énergie.   V   F

2. D'habitude Noah prend le métro ou bien il va à pied. Il utilise aussi Vélib'.   V   F

3. Pour Amy, il faut consommer beaucoup d'essence et d'électricité.   V   F

4. Amy pense aussi qu'il faut manger naturel et local.   V   F

5. Noah n'est pas d'accord. L'important c'est de manger rapidement et souvent en marchant.   V   F

6. Amy fait attention à la nourriture, mais c'est très difficile parfois.   V   F

12-06 **Recyclages.** Listen once more to the **Voix francophones au présent** broadcast. This time, complete the sentences with the missing words.

1. Pierre: Nous parlons aujourd'hui de la _____ et du recyclage.

2. Noah: J'entends le mot "consommer," et immédiatement je pense à la consommation _____.

3. Noah: Et la chose qui consomme le plus c'est _____.

4. Noah: Ici à Paris nous avons Vélib', la location _____ en libre-service.

5. Amy: Pour moi, consommer peut vouloir dire éteindre _____ avant de sortir.

6. Amy: Pour moi consommer veut dire manger bien, c'est-à-dire manger _____.

12-07 **L'opinion de Noah et d'Amy.** Read the following statements and indicate whether the opinions expressed about consumption belong to Noah or Amy.

1. La consommation d'énergie est le plus grand problème.   Noah   Amy

2. La consommation de la nourriture est la chose la plus importante.   Noah   Amy

3. Il faut éteindre les lumières avant de sortir et recycler les bouteilles.   Noah   Amy

4. Je suis souvent en retard et je n'ai pas le temps de manger bien.   Noah   Amy

5. C'est difficile souvent de faire attention à ce qu'on mange.   Noah   Amy

Vélib', les Parisiens redécouvrent les joies du vélo!

12-08 **A Paris en vélo.** Review the text, *Vélib'*, **les Parisiens redécouvrent les joies du vélo!** (p. 374) in your textbook and answer the questions you hear. Be sure to answer each one in a complete sentence.

1. _____

2. _____

3. _____

4. _____

Pour bien communiquer: Activités écolo

12-09 Que faire? What are some ecologically sound habits? Match each phrase with the appropriate ending to form complete sentences.

1. Tu as une grande voiture de luxe. Tu devrais _____

2. Tu laisses les lampes allumées. Il faut absolument que tu _____

3. Tu achètes des fruits emballés en plastique. Il faudrait que tu _____

4. Tu as des bouteilles en verre et en plastique dans la poubelle. Rappelle-toi de _____

5. Il y a des sacs en plastique dans la poubelle. Il faut _____

a. remployer les sacs.

b. achètes des fruits frais locaux.

c. faire attention à la consommation d'essence.

d. mettre les bouteilles dans des poubelles différentes.

e. fasses attention à la consommation d'électricité.

12-10 Et vous? Some people are not concerned about being "green," and their behaviors reflect a disregard for the environment. Select the expression in each sentence that is **not** ecological.

Modèle: Pour être plus écologique, je [a. recycle les déchets   b. sépare le verre et le plastique   *c. jette tout dans la poubelle*].

1. Pour faire attention à la consommation d'essence, je [a. vais à la fac à pied   b. prends le métro tous les jours   c. prends la voiture].

2. Quand j'achète des fruits et des légumes [a. je choisis les fruits emballés en plastique   b. je prends des fruits frais   c. j'achète toujours des produits locaux].

3. En ce qui concerne la consommation d'électricité, [a. j'emploie des fluocompactes   b. j'éteins les lampes avant de sortir   c. je laisse la télévision allumée].

4. Après mes achats au supermarché, je [a. garde les sacs   b. jette les sacs dans la poubelle   c. remploie les sacs].

5. Pour nettoyer [a. j'emploie des produits biodégradables   b. j'utilise du Sopalin   c. j'utilise des produits en papier recyclé].

Pour bien prononcer: The letters *oi*

12-11 Les lettres *oi*. Read the sentences below, and give your pronunciation of each one orally. Be careful to pronounce the sounds as in the French word **trois** (3).

1. Je crois que ta voiture n'est pas économe. Tu dois faire attention à la consommation d'essence.

2. Je vois que tu emploies du Sopalin. Rappelle-toi d'acheter des serviettes.

3. Moi, je crois que la voiture est nécessaire à Paris. Il y a des endroits sans métro.

Comment dire?

Review of tenses: Expressing the present and the future

12-12 **Sélim est écologique.** Sélim always acts in an ecological manner. Do the following sentences express time in the present (PR) or future (FU)? Select the correct answer for each.

1. Sélim achète des produits écologiques.   PR   FU

2. Il va remplacer ses lampes par des fluocompactes.   PR   FU

3. Il emploie Vélib' pour se déplacer à Paris.   PR   FU

4. Il prendra le métro pour aller chez son amie.   PR   FU

5. Quand il fera beau, il ira à Nice avec Emilie.   PR   FU

6. Il n'achètera pas de voiture parce qu'elles ne sont pas nécessaires à Paris.   PR   FU

12-13 **Quel temps employer?** How do the following people deal with recycling and ecology? Complete the sentences using the appropriate tense of the verbs provided, according to the clues.

1. A présent, j'_____ (utiliser) un vélo, mais à l'avenir, j'_____ (acheter) une voiture.

2. Aussitôt que j'_____ (avoir) assez de temps, je _____ (faire) un voyage aux îles

   Galápagos.

3. Ces jours-ci, mes amis et moi nous _____ (réfléchir) au problème du réchauffement global.

4. Qu'est-ce qui _____ (arriver) à l'avenir? Nous ne le savons pas. Nous espérons que les choses

   _____ (s'améliorer).

5. Sébastien pense que le monde _____ (être) malade.

Review of tenses: Expressing the past

12-14 **Temps passés.** To express yourself in the past, you must decide whether you are describing actions that happened only once or conditions, appearances, or habitual actions. In the following sentences, decide whether the tense to use is the **passé composé** (PC) or the **imparfait** (I).

1. Les problèmes écologiques tout à coup (*all of a sudden*) (devenir) sérieux.   PC   I

2. Mais non, les problèmes (exister) du temps de nos grands-parents.   PC   I

3. Il faut dire que le monde (prendre) conscience du problème.   PC   I

4. Nous (travailler) beaucoup cette année là-dessus.   PC   I

5. Mais quand j'(être) petit, il n'y avait pas ces problèmes.   PC   I

6. En ce temps-là on ne (s'occuper) pas de l'écologie.   PC   I

12-15 **Quelle forme employer?** As a follow-up to the last activity, complete the sentences with the verbs in the appropriate tense.

1. Les problèmes écologiques tout à coup (*all of a sudden*) _____ (devenir) sérieux.

2. Mais non, les problèmes _____ (exister) du temps de nos grands-parents.

3. Il faut dire que le monde _____ (prendre) conscience du problème.

4. Nous _____ (travailler) beaucoup cette année là-dessus.

5. Mais quand j'_____ (être) petit, il n'y avait pas ces problèmes.

6. En ce temps-là on ne _____ (s'occuper) pas de l'écologie.

Travail d'ensemble

12-16 **L'écolo.** You have acquired a good reputation with respect to ecology and recycling. Because of this, the local school is asking you to talk to the French Club about these issues. Give a short talk in French about some steps to take to be more ecological.

Nom: _____   Date: _____

Pour aller plus loin

C'est quoi, un OGM?

12-17 **Les OGM.** Review the text **C'est quoi, un OGM?** (p. 380) in your textbook and select all the statements that are expressed in it.

_____ 1. On peut maintenant isoler les gènes et les transférer d'un organisme à un autre.

_____ 2. On peut donc produire des organismes qui possèdent des caractères nouveaux.

_____ 3. Les nouveaux organismes ont toujours des caractères utiles.

_____ 4. L'industrie biotechnologique dit que les OGM seront le seul moyen de nourrir la population mondiale à l'avenir.

_____ 5. Certains disent que les OGM renforceront la dépendance alimentaire des plus pauvres.

_____ 6. La culture des OGM est répandue dans le monde entier; il y a des centaines de pays qui participent.

_____ 7. Les pays de l'Union européenne sont les plus grands producteurs d'OGM.

_____ 8. L'article affirme que la culture des OGM est acceptée partout dans le monde.

12-18 **Par la suite.** The consequences of the use of Genetically Modified Organisms may be serious. Complete the following sentences with an appropriate form of the verb given. The verb may be in the present, past, or future tense.

1. Aujourd'hui les OGM _____ (provoquer) un profond débat social.

2. Certains pensent que les variétés de plantes OGM _____ (être) le meilleur moyen de nourrir une population mondiale croissante.

3. Les opposants aux OGM disent que les OGM _____ (augmenter) la dépendance alimentaire des pays pauvres.

4. L'impact des OGM sur l'environnement _____ (rester) inconnu.

5. Il est vrai que plusieurs pays _____ (introduire) des OGM dans leurs écosystèmes.

6. Les OGM _____ (pouvoir) mettre fin à la biodiversité des cultures.

Les jardins partagés en France

12-19 **Partager son jardin.** Review the text **Les jardins partagés en France** (p. 381) in your textbook and decide if the following statements are true (*Vrai*) or false (*Faux*).

1. Les jardins partagés continuent une tradition agricole.   V   F

2. Les jardiniers des jardins partagés emploient les OGM les plus nouveaux.   V   F

3. Les jardiniers emploient des engrais et des pesticides adaptés à la région.   V   F

4. On sélectionne les fleurs, les légumes, les engrais et l'eau de haute qualité.   V   F

5. Quand on participe à un jardin partagé, on rencontre des gens de son âge.   V   F

6. On discute souvent des sujets importants comme le droit du travail.   V   F

Eco-voyage avec le *wwoofing*

12-20 **Faire du *wwoofing*.** The practice of *wwoofing* is not for everyone, but there are many people who enjoy it. Match each phrase with the correct ending to form statements about *wwoofing*.

1. Quand on travaille dans la maison, _____

2. Les *wwoofers* sont ceux qui _____

3. Le soin des animaux comprend _____

4. Dans certaines fermes, il y a des règles comme _____

5. Le *wwoofer* travaille _____

6. Avant de s'engager à un séjour en ferme, _____

a. à la ferme et participe à la vie quotidienne.

b. on prépare les repas ou bien on fait le fromage.

c. veulent apprendre la culture biologique dans le contexte d'une ferme éco-biologique.

d. il faut bien préparer l'aventure.

e. traire les vaches ou les chèvres.

f. on ne fume pas et on ne mange pas de viande.

Pour bien communiquer: Les avantages et les désavantages du *wwoofing*

12-21 **Le *wwoofing*, oui ou non?** Listen to the sentences, and for each one, select the reason why the speaker wants to go *wwoofing* or not.

1. a. vivre la vie du fermier
   b. avoir des expériences hors de l'ordinaire
   c. apprendre une langue
   d. voyager avec un petit budget

2. a. vivre la vie du fermier
   b. avoir des expériences hors de l'ordinaire
   c. le travail peut être désagréable
   d. voyager avec un petit budget

3. a. avoir des expériences hors de l'ordinaire
   b. apprendre une langue
   c. il n'y a pas d'activités sportives ni d'amusements
   d. le travail peut être désagréable

4. a. vivre la vie du fermier
   b. avoir des expériences hors de l'ordinaire
   c. apprendre une langue
   d. le travail peut être désagréable

5. a. vivre la vie du fermier
   b. avoir des expériences hors de l'ordinaire
   c. apprendre une langue
   d. le travail peut être désagréable

6. a. vivre la vie du fermier
   b. avoir des expériences hors de l'ordinaire
   c. apprendre une langue
   d. le travail peut être désagréable

12-22 **Et vous?** Would you like to do some *wwoofing*? What aspects of *wwoofing* intrigue you? What aspects do not seem interesting? Write four sentences giving the pros and cons of a *wwoofing* experience.

_____

_____

_____

_____

Comment dire?

Review of the subjunctive

12-23 **Indicatif ou subjonctif?** The indicative is used to express certainty or fact, while the subjunctive is used to express feelings, opinions, or uncertainty. Indicate whether the verb in the following sentences should be in the indicative (I) or the subjunctive (S).

1. Il est certain que je (devoir) prendre des vacances.   I   S

2. Je crois que je (aller) devenir fou (*mad*).   I   S

3. Il ne croit pas que le *wwoofing* (être) son genre.   I   S

4. Je suis triste que tu ne (voir) pas les avantages du séjour écologique.   I   S

5. Je suis sûr que le séjour (aller) te plaire.   I   S

6. Il faut que tu (prendre) quelques jours de vacances.   I   S

12-24 **Des émotions et des opinions.** People often express their feelings and emotions about certain subjects. Complete the sentences with the correct form of the verb in the subjunctive.

1. Il faut que tu _____ (prendre) quelques jours de vacances.

2. Je ne pense pas qu'ils _____ (être) au complet.

3. Est-il possible que vous _____ (pouvoir) aller en vacances?

4. Il est incroyable que Noah ne _____ (connaître) pas cette ferme.

5. Je suis triste qu'elle ne _____ (voir) pas les avantages du *wwoofing*.

6. Il est heureux que nous _____ (être) d'accord.

Review of the conditional

12-25 **Les OGM dans la société.** The debate continues regarding Genetically Modified Organisms. Complete the following sentences, putting the verbs in the conditional to make conjectures.

1. Les nouveaux organismes _____ (posséder) des caractéristiques utiles.

2. Il n'y _____ (avoir) pas de danger pour la population mondiale.

3. Les OGM _____ (toucher) au développement de nos sociétés.

4. La culture des OGM _____ (être) le seul moyen de nourrir une population mondiale croissante.

5. Certains ne _____ (partager) pas l'opinion de l'industrie biotechnologique.

6. Les OGM _____ (représenter) un danger pour la société.

12-26 **Hypothèses.** Different tense sequences are used in if-then hypotheses. Complete the following sentences with the correct tense of the verb in the conditional, imperfect, future, or present tense.

1. Si nous voulons des vacances intéressantes, il _____ (falloir) faire du *wwoofing*.

2. Si tu _____ (avoir) une opinion forte sur le *wwoofing*, est-ce que tu ferais un séjour à la ferme?

3. Si nous avions les moyens d'aller en vacances, nous _____ (choisir) certainement le *wwoofing*.

4. Tu devrais préparer ton séjour si tu _____ (vouloir) passer une semaine à la ferme.

5. Si on te demandait ton opinion sur le séjour écologique, qu'est-ce que tu _____ (dire)?

6. Si tu _____ (vouloir) aller au cinéma ou au théâtre, tu ne dois pas choisir le *wwoofing*.

12-27 **A vous.** What is your ecological "stance"? Are you concerned about living "green"? Answer the questions you hear by providing personal information or opinion.

1. _____

2. _____

3. _____

4. _____

Travail d'ensemble

12-28 **Etre écolo.** Imagine that you drive to campus every day, you don't always eat the healthiest foods, and you are wasteful while on vacation. How could you change those habits in order to be more ecological? Write an email to a friend, telling him/her what you would do to change your habits. Be sure to write at least five sentences.

_____

_____

_____

_____

_____

A la découverte

Petit tour d'horizon

12-29 **Chaque action compte.** Review the text **Initiatives pour protéger la planète** (p. 388) in your text-book, and form complete sentences by matching each phrase with its logical ending.

1. Pour chauffer leur eau, les moines de l'abbaye de Tamié recyclent... _____   a. le carton

2. Pour subvenir à ses besoins énergétiques, la Belgique construit... _____   b. les portes et les fenêtres

3. Pour limiter la pollution atmosphérique dans les villes, la Suisse a fabriqué... _____   c. le tronc des baobabs

4. Pour conserver l'eau de pluie, les Malgaches la déposent dans... _____   d. des parcs éoliens

5. Pour rénover les maisons de façon écologique, les architectes montréalais recyclent... _____   e. le gas produit par les fromages

6. Pour fabriquer des jouets, des élèves vietnamiens recyclent... _____   f. SAM, une voiture électrique

12-30 **Des idées écolo créatives aux quatre coins du monde.** Review the text **Initiatives pour protéger la planète** (p. 388) and indicate what each item is used for, and in which country.

Modèle: Le carton   Pour faire quoi? *fabriquer des jouets* Pays? *Viêt-Nam*

1. Le vent Pour faire quoi? _____ Pays? _____

2. L'énergie solaire Pour faire quoi? _____ Pays? _____

3. Le gas du petit lait des fromages Pour faire quoi? _____ Pays? _____

4. Le tronc des baobabs Pour faire quoi? _____ Pays? _____

12-31 **Où fait-il bon vivre dans le monde?** Review the text **PALMARÈS: les pays et les villes où il fait bon vivre...** (p. 389) in your textbook and indicate whether the following statements are true (*Vrai*) or false (*Faux*).

1. On trouve le meilleur compromis entre préservation de l'environnement et qualité de vie dans les pays d'Afrique.   V   F

2. Les pays scandinaves sont en tête du classement parce qu'ils ont un air et une eau de bonne qualité et de nombreuses forêts.   V   F

3. Les pays africains ont une bonne efficacité énergétique.   V   F

4. Paris est en dernière position au palmarès des villes les plus vertes du monde.   V   F

5. Paris doit son rang au palmarès à la qualité de ses services et à la bonne qualité de son air et à ses espaces verts.   V   F

12-32 **Les indicateurs du classement.** Two indicators were used to establish the ranking in **PALMARÈS: les pays et les villes où il fait bon vivre...** (p. 389) in your textbook: IDD (Indicateur du Développement Durable) and IDH (Indicateur du Développement Humain). Read the following six parameters, and decide whether they belong to IDD or IDH.

1. le nombre de transports en commun   IDD   IDH

2. les grandes forêts   IDD   IDH

3. le nombre d'hôpitaux par habitant   IDD   IDH

4. la quantité d'ordures ménagères   IDD   IDH

5. la répartition des salaires   IDD   IDH

6. le niveau d'éducation   IDD   IDH

Point d'intérêt

12-33 **Le Québec et le recyclage.** Review **Les Québécois et l'environnement** (p. 390) in your textbook and indicate whether the following statements are true (*Vrai*) or false (*Faux*).

1. Pour les Québécois, il est plus difficile de recycler à la maison.   V   F

2. Pour une majorité de Québécois, recycler quand on est en déplacement est difficile.   V   F

3. Une minorité de Québécois recyclent tous leurs rejets recyclables.   V   F

4. Pour les Québécois, recycler n'est pas toujours facile parce que les recyclables et les
   non-recyclables sont difficiles à identifier.   V   F

12-34 **Les Québécois et les transports en commun.** Review **Les Québécois et l'environnement** (p. 390) in your textbook and select the word or phrase that best completes each sentence.

1. Le moyen de transport préféré des Québécois, c'est la _____.
   a. covoiturage   b. coût   c. quart des Québécois   d. voiture personnelle

2. Le _____ est très peu utilisé par les Québécois.
   a. covoiturage   b. coût   c. quart des Québécois   d. voiture personnelle

3. Le niveau d'utilisation des transports publics parmi les Québécois est principalement influencé par le _____.
   a. covoiturage   b. coût   c. quart des Québécois   d. voiture personnelle

4. Environ un _____ pensent que les transports publics ne sont pas assez rapides.
   a. covoiturage   b. coût   c. quart des Québécois   d. voiture personnelle

12-35 **Hélène Binet, écolo citoyenne.** Review **Journal d'une écolo-citoyenne** (p. 392) in your textbook and indicate whether the following statements are true (*Vrai*) or false (*Faux*).

1. La maison d'Hélène est chauffée pendant la nuit.   V   F

2. La famille d'Hélène prend des douches rapides.   V   F

3. Hélène recycle les déchets végétaux.   V   F

4. Hélène et sa famille ne portent que des vêtements neufs.   V   F

5. Chaque mois Hélène reçoit à domicile un panier de légumes biologiques.   V   F

6. Hélène et sa famille mangent toujours bio.   V   F

12-36 **Pour vivre écolo.** Review **Journal d'une écolo-citoyenne** (p. 392) in your textbook and match each phrase with the correct ending to form complete sentences.

1. Pour économiser l'énergie, on.... _____   a. prend des douches rapides.

2. Pour recycler les épluchures, on.... _____   b. achète des vêtements d'occasion.

3. Pour économiser l'eau, on... _____   c. s'abonne à un panier de légumes bio.

4. Pour s'habiller écolo, on... _____   d. utilise un composteur d'appartement.

5. Pour laver le linge peu sale, on... _____   e. coupe le chauffage pendant la nuit.

6. Pour manger écolo, on... _____   f. utilise des coques de lavage.

12-37 **Mode écologique.** Listen to the passage and indicate whether the following statements are true (*Vrai*) or false (*Faux*).

1. Aminata trouve le phénomène du recyclage des vêtements pas très intéressant.   V   F

2. La spécialité de Mike Sylla, c'est le recyclage des vêtements en soie.   V   F

3. Mike Sylla invite des artistes à exprimer leur créativité en peinture sur les vêtements qu'il recycle.   V   F

4. Mike Sylla s'inspire des vêtements portés par les Baïfall.   V   F

5. Mariouche Gagné est québécoise.   V   F

6. Mariouche Gagné recycle les vêtements en cuir.   V   F

7. Mariouche Gagné a un site web où on peut acheter ses vêtements recyclés.   V   F

8. Les créateurs écologiques restent encore rares au Québec.   V   F

12-38 **Jardinage à domicile.** Listen to the passage and indicate whether the following statements are true (*Vrai*) or false (*Faux*).

1. Françoise habite à la campagne.   V   F

2. Françoise fait pousser des fruits et des herbes sur son balcon.   V   F

3. Françoise se nourrit uniquement de ce qu'elle fait pousser sur son balcon.   V   F

4. Françoise a un composteur d'appartement.   V   F

5. Le composteur permet à Françoise d'avoir de l'engrais en permanence pour
   ses légumes.   V   F

6. Françoise partage sa joie de jardiner avec ses petites-filles.   V   F

Travail d'ensemble

12-39 **Moi et les vêtements d'occasion.** Do you recycle your clothes or buy clothes in second-hand stores? Why or why not? Give your response orally, and be sure to speak for two minutes.

A votre tour!

Zoom sur…

12-40 **Alternatives.** Review the text **12 trucs et astuces pour devenir une famille verte** (p. 397) in your textbook, and think about some alternative solutions to those proposed by the author Vivianne Moreau. Write your alternative to each one below, and be sure that the solutions you propose are "green."

1. S'abonner à la bibliothèque de son quartier plutôt que d'acheter des livres neufs

   Une solution alternative: _____

2. Choisir des mouchoirs faits de papier recyclé

   Une solution alternative: _____

3. Ralentir sur la route

   Une solution alternative: _____

12-41 **Trucs et astuces en plus.** Here are some additional pieces of advice given by Vivianne Moreau in her book *Devenir une famille verte.* Match each piece of advice with the reason behind it.

Conseil

1. Privilégier la vaisselle réutilisable _____

2. Eviter les contenants en plastique dans le four micro-ondes _____

3. Faire un jardin, même sur un balcon _____

Motivation

a. Les légumes ne causent pas de dépense d'énergie avant de se retrouver dans votre assiette.

b. Les plats jetables en plastique sont pratiques, mais ils remplissent rapidement un sac à ordures.

c. Un plat en verre ne transmet pas d'agents chimiques aux aliments quand ils sont chauffés.

12-42 **A votre tour.** Add three pieces of advice to those given by Vivianne Moreau and explain the reason behind each.

1. _____

2. _____

3. _____

12-43 **Bon écocitoyen.** Garbage can take weeks, months, or even years before it completely disintegrates. In your opinion, what can be done to improve the situation? Give your answers in complete sentences, and be sure to follow the model closely.

Modèle: l'eau en bouteille
Plutôt que de boire de l'eau en bouteille, je peux boire de l'eau du robinet.

1. journaux _____

2. conserves _____

3. cannettes de soda _____

4. piles _____

Intégration

12-44 **Mes camarades et moi.** Do you have eco-citizens in your class? Refer to the notes you took in class and write a 10-line summary of the trends you recorded.

_____

_____

_____

_____

_____

_____

_____

_____

_____

_____

_____

_____

_____

_____

12-45 **Les engagements de la classe.** What kinds of commitments have you and your classmates made? Are they realistic? Why, or why not? Refer to your notes and give a 2-minute response orally.

NOTES

NOTES

NOTES

NOTES

NOTES

NOTES

NOTES